餐饮方法论

如何系统地从零开始做餐饮

钟彩民 刘士盛 陈建荣 ○ 著

中国商业出版社

图书在版编目(CIP)数据

餐饮方法论 / 钟彩民,刘士盛,陈建荣著. -- 北京：中国商业出版社,2021.3

ISBN 978-7-5208-0899-6

Ⅰ．①餐… Ⅱ．①钟… ②刘… ③陈… Ⅲ．①饮食业—经营管理 Ⅳ．①F719.3

中国版本图书馆 CIP 数据核字(2019)第 204485 号

责任编辑：王彦

中国商业出版社出版发行
010-63033100　www.c-cbook.com
(100053 北京广安门内报国寺 1 号)
新华书店经销
北京华创印务有限公司

＊　＊　＊　＊　＊

880 毫米 ×1230 毫米　16 开　16.5 印张　196 千字
2021 年 3 月第 1 版　2021 年 3 月第 1 次印刷

定价：65.00 元

＊　＊　＊　＊　＊

(如有印刷质量问题可更换)

内容简介

古语云："民以食为天"，餐饮业关系到人们的生活质量与水平。作为"永不落幕的朝阳行业"，近年来餐饮业已成为经济运行中发展势头最好、增长速度最快的行业之一。餐饮行业必定是一个长期存在且不断发展的行业，市场潜力巨大。但是，餐饮业是进入门槛较低的行业，也是竞争比较激烈的行业。只有那些做好每一个细节的企业，才能在餐饮业中存活、进化并胜出。

随着市场经济的逐步成熟和市场规则的逐步发展，我们已经进入了"微利"时代。在这个时代，生意难做，钱难赚，餐饮业也没以前那样轻松了。毫无疑问，餐厅经营的主要目标是获得利润，而经营者要想获得更多的利润，就要在开店之初做好筹划和准备工作，只有这样才能真正实现餐厅的完美起步。

这本书对所涉及餐饮开店的一些经营核心问题，都有针对性的剖析讲解，从餐厅项目选择，到餐厅选址、装修、菜单菜品，再到餐厅营销、服务、管理、成本控制、连锁、模式创新等，都进行了详细的阐述。开一家餐厅容易，但要经营好一家餐厅并且要长盛不衰，就需要掌握全面、系统的餐饮经营管理方面的知识。《餐饮方法论》这本书，为很多餐饮开店不赚钱、门店经营不好的从业者指明了方向，值得一读！

从选址到装修，从营销到服务，全方位提升餐饮企业的竞争力。

从案例到图表，从理论到方法，透彻解读餐饮企业的实战细节。

资深行业专家、世界 500 强企业从业经历，访谈上百家餐饮企业创始人和高管，系统地总结经验教训，直击餐饮企业管理者痛点，提供一整套餐饮业丛林中的进化实战指南。

序 言
餐饮创业——最好的时代 or 最坏的年代？

传统餐饮行业的老板发现，即便是一年到头生意还不错的餐厅，到月底、年底一算账才发现，根本不赚钱啊，要么是给员工打工了，要么是给房东打工了，困扰餐饮行业许久的"三高"现象，并没有就此消失，房租成本、人工成本和原材料成本上升等趋势并没有改变，以后这餐饮行业，还让人怎么干啊？

这真是一个最糟糕的年代。

《中国餐饮报告 2018》的数据显示，近两年倒闭餐厅的平均寿命为 508 天，2017 年关店数是开店数的 91.6%。由于低客单价、无品牌、跟不上年轻群体消费需求等原因，低水平同质化餐饮是被洗牌的对象，其中人均 50 元以下餐厅的关店率远高于其他价位，未来翻牌式收购可能集中上演。

可是，同样一份研究报告显示，2017 年餐饮业营业收入近 4 万亿元，而在 2017 年国民生产总值 82.71 万亿元中，跟"吃"有关的占比为 16%，即近 14 万亿元，特别是餐饮新零售进化空间巨大。

就外卖而言，2017 年线上外卖市场规模突破 3 000 亿元，比 2011 年的 203.7 亿元增长 13.6 倍，其中，外卖住宅区订单交易额占比已达 50%，从这个角度来看，外卖取代的不是堂食而是在家做饭。

未来餐饮新零售进化空间巨大，餐饮市场总体增长强劲，全国餐饮业营业收入总体增长超过 10%，更加细致的市场研究表明，餐饮业从业态到品类都在做理性的结构性调整，高档餐饮继续下滑，但下滑态势有所放缓，大众餐饮、小而美餐饮项目增长迅猛，互联网餐饮、创新餐饮项目不断涌现。

这似乎又是一个最好的年代。我们正处在一个新旧时代转换的节点上，一方面不适应新时代的传统模式将不断遭到淘汰；另一方面新时代下新的模式、新的机会不断被发现、被挖掘，呈现出一派生机勃勃的景象。

那么，对于餐饮创业者来说，在互联网时代背景下，从哪些方面能够发现餐饮创业的好机会呢？

第一，在移动互联网时代来临之际，餐饮品牌建设的成本变小了。传统工业化时代，无论一个品牌还是一家公司，从无到有、从小到大，往往需要经过十几年、几十年的打造，无论是全球500强企业，还是国内知名品牌，都要经过这么一个漫长的成长过程。但是，在互联网时代，从国际品牌谷歌、脸谱公司，再到国内的阿里巴巴、腾讯、百度、小米、360等互联网公司，还有最近发展迅猛的滴滴出行，都是在10年内甚至更短的时间内崛起的。

餐饮行业也不例外，国内传统餐饮100强企业大多经历了20多年、30多年的发展与积累。但是，以互联网餐厅标签闻名的餐饮品牌，如黄太吉、雕爷牛腩、人人湘等，利用移动互联网时代的低成本传播特性，都是在几乎为零的广告预算下，在两到三年的时间内，就迅速打造成一个闻名全国的餐饮品牌。

与以往传统方式打造一个品牌往往需要投入巨额广告传播预算的要求相比，目前是餐饮品牌的建设与传播成本最低的红利期。要想充分利用这个红利期，需要对互联网思维、移动互联网社群建设、网络微营销传播特性等有深刻的洞察，善于利用网络病毒式自传播的特性，具备吸引目标客户群体参与建设、参与互动等能力。

第二，对于餐饮行业来说，房租成本、人工成本、原材料成本持续上升，是让餐饮业从最初的暴利行业滑落到如今利润比纸还薄的终极原因。久困餐饮业的"三高"现象在移动互联网时代到来和智能手机普及之际，有望从根本上得到结构性的改善。

随着社会的发展、居民收入水平的不断提高，房租水平，特别是人工工资水平持续上升是一个刚性趋势，在短期内不太可能有较大改变。在这样一个趋势下，为了应对房租不断上升，餐厅需要不断提高房租的坪效，门店的小型化趋势、餐厅的外卖业务不断发展、集团餐饮轻型门店、工厂式门店（完全依赖外卖业务）的模式会越来越普遍；而为了应对人工成本的不断上升，以哗啦啦为代表的互联网自助餐厅系统模式，即前厅无服务员、无收银员的无人餐厅模式也会越来越多地得到应用；而通过对市场采购价格的监控，餐厅可以通过互联网采购系统对所采购的品种进行有效的市场监督，避免了餐饮采购环节给餐厅带来的各种损失。

因此，餐饮行业目前应从注重对外的营销引流逐步转移到对内管理与效率低的提升上来，特别是通过互联网技术手段可以大大提高餐饮业的结构效率，重塑餐饮业的成本结构必定要依赖互联网化的经营管理工具。

第三，中国餐饮行业的集中度之低意味着中国品牌餐饮还有相当长的一段路要走。一份研究报告称，中国前 100 强的中式餐饮连锁企业营业收入仅占市场份额的 7.5%，而发达国家前 100 强的连锁餐厅的行业集中度在 40%左右，这表明中国餐饮连锁企业的成熟度、集中度还有很大的提升空间。而一个产业的成熟度和集中度的提升有赖于许多环境条件。对于餐饮业而言，固然有很多因素影响，比如从业者的素质、供应链的成熟、融资成本、IT 信息化系统的成熟等，但其中最重要的因素无疑是实体店铺在全国范围内的标准化。如今，遍布全国的大型商业地产连锁购物中心，为餐饮连锁店健康、快速扩张提供了良好的土壤，以万达广场、凯德 mall、大悦城为代表的连锁商业地产项目已经遍布全国各大主要城市，为餐饮连锁企业实体店铺的拓展提供了先决条件。

目前，各大商业地产中的餐饮项目正在进行着新旧模式的交替，老式的传统餐饮模式不断遭到淘汰，新的模式不断被创造出来。各大商业地产项目为抢夺有潜力的新模式餐饮项目，不断推出各种优惠政策，其中包括各种优惠扶持、减免政策。各位餐饮创业者们，你们准备好了吗？

第四，近几年互联网的长足发展也为餐饮业提供了不断完善的生态链服务体系。以美团、大众点评（新美大）为代表的互联网平台为餐饮业提供了团购、网络营销等平台，近几年微博、微信等的出现，也为餐饮业以较低成本开展网络营销推广、社群经济、精准营销提供了必要的条件和高效的工具；由于房租水平的不断提高，餐饮业这两年来的外卖业务迎来了飞速发展的时期，中国互联网三巨头BAT已经全部加入餐饮外卖这个市场中来了，新美大、饿了么（腾讯系）、百度外卖（百度系）、新口碑（阿里系），还有黄太吉转型外卖平台、海底捞等传统企业也在探索全新的外卖模式，在互联网时代餐饮外卖将呈现出完全不同于传统餐饮市场的格局；互联网时代必然呼唤互联网化的经营管理系统，以哗啦啦为代表的互联网化餐饮经营管理系统，从技术上颠覆了传统的餐饮管理系统，将收银系统、会员系统、营销系统、点单系统、团购、外卖、各大互联网平台网上接单、预订、排队、库存、采购、报表管理、微信自助点单、支付、打赏乃至众筹（财务金融）、排班（人力资源）等系统整合为一体，完整地为餐厅提供互联网时代经营管理工具，为餐厅降低经营成本、提高效率提供了稳定、可靠的保障；互联网属性的众包外卖物流公司如达达也发展迅猛，为众多的小型餐厅提供了外卖物流的平台型外包服务，而无须每家餐厅自己组建外送物流团队；为餐厅提供网络采购与配送服务的平台如美菜、链农的出现，让餐厅可以通过网上预订，轻松采购餐厅所需的原材料；最近两年发展迅猛的众筹平台，特别是专门面向实体店铺的众筹融资平台，如发展比较快的人人投、靠谱投、轻松筹、众筹客等，为餐厅的拓展所需要的融资金、融人脉资源、融基本消费群体等提供了绝好的渠道。

最后，中国的宏观经济政策为各行各业，当然也包括餐饮业提供了前所未有的良好的创业政策及环境，"互联网+""大众创业，万众创新"

作为国家战略层面政策的出台，促进了市场上各类创业孵化器的配套政策，各类天使基金、创业投资基金、风险投资基金层出不穷；新三板、创业板、战略新型板直接融资市场的不断推出与完善，释放出时代鼓励、推动创业的最强信号！

当下对于餐饮行业的创业者，到底是最好的时代，还是最坏的时代？全在于人的一念之间。

是为序！

目 录

第一部分　引爆餐饮，智慧开店

第一章　餐饮行业——如何选择合适的项目 ... 003
1. 互联网时代，从餐饮行业数据看趋势 ... 004
2. 自我评估：你适合干餐饮吗 ... 007
3. 手中有粮，心中不慌 ... 011
4. 加盟、合伙，还是单干 ... 015
5. 合适的餐饮项目，方能令你大显身手 ... 019
6. 餐饮新物种："零售+餐饮"之跨界融合 ... 024
7. 餐厅规模、费用、特色定位 ... 027

第二章　餐饮选址——为你的店选个好地段 ... 032
1. 商圈调查，必不可少 ... 033
2. 不同餐厅，选址要求不一 ... 038
3. 规范选址评估 ... 042
4. 把握选址要素 ... 046
5. 降低选址成本 ... 049
6. 店址选择，注意细节 ... 051
7. 备选店地址，大"考察" ... 054

第三章　餐饮装修——营造最美用餐体验 058

1. 餐饮设计美学 059
2. 餐饮旺店设计的 5 个细节 063
3. 招牌设计 068
4. 海报设计 070
5. 灯光设计 073
6. 空间设计 076
7. 色彩设计 078
8. 顾客过而不进的 6 个设计陷阱 081

第四章　餐饮菜单——一切美好的开始 084

1. 菜单越薄，利润越厚 085
2. 精简菜单策略 087
3. 海底捞新菜单：菜涨价了，顾客却不觉得贵 090
4. 菜单的制订与设计诀窍 094
5. 好菜单的 4 大要素 096
6. 菜单"拼脸"的 8 大技巧 098
7. 打造餐厅的"特色菜品" 100
8. 菜品的选择与更迭 104
9. 起个让全世界记住的好菜名 107
10. 定价是门技术活 111

第二部分　餐饮运营，科学管理

第五章　餐饮营销——用创意引爆生意 119

1. 餐饮企业传统营销手段 120

  2. "互联网+"时代的另类餐饮营销 ………………………………… 122
  3. 餐饮营销活动策划 …………………………………………………… 128
  4. 做好餐厅的营销宣传 ………………………………………………… 132
  5. 合理的折扣与销售 …………………………………………………… 137
  6. 节假日的餐饮营销 …………………………………………………… 139
  7. 营销新大陆：餐饮界的"抖音款"爆红 …………………………… 142
  8. 餐饮企业网络团购营销 ……………………………………………… 148
  9. 餐饮企业品牌营销 …………………………………………………… 150

第六章　餐饮服务——如何永远赢得顾客 …………………………… 154

  1. 提高餐饮企业服务水平 ……………………………………………… 155
  2. 积极的心态——做好餐饮服务的基础 …………………………… 157
  3. 优质的服务——留住顾客的最好方法 …………………………… 158
  4. 优秀服务员要能说、会说、巧说 ………………………………… 159
  5. 顾客的消费动机 ……………………………………………………… 161
  6. 顾客服务的最终价值 ………………………………………………… 163

第七章　餐饮管理——树立形象的最佳途径 …………………………… 167

  1. 餐饮管理的"根"在人才管理 …………………………………… 168
  2. 个性化招揽人才 ……………………………………………………… 170
  3. 拒绝灌输，让员工爱上培训 ………………………………………… 174
  4. 巧用"薪酬"解"心愁" …………………………………………… 175
  5. 员工不会做你希望的，只会做你考核的 ………………………… 178
  6. 晋升机制：打造一流管理队伍 …………………………………… 182
  7. 亲情化管理：从"员工管理"到"员工体验" ………………… 184

第八章 餐饮成本控制——提高竞争力的重要途径 187

1. 餐饮业成本的分类 188
2. 餐饮成本核算与成本控制的认知 190
3. 餐饮原材料采购要点 194
4. 采购成本的控制方法 197
5. 采购数量的控制方法 200
6. 餐饮企业成本控制的重要环节 202

第三部分 餐饮未来，模式创新

第九章 餐饮连锁——从一到百连锁经营 207

1. 连锁的魅力 208
2. 自我审视：成功需要复制 209
3. 加盟连锁——餐饮企业迅速扩张的模式 212
4. 小门店，大连锁餐饮 214
5. 总部的人力资源管理 218
6. 超级店长，打造真正的领导力 220

第十章 互联网+餐饮——餐饮商业模式的变革 226

1. 餐饮信息化与互联网化的不同 227
2. 互联网时代，餐饮O2O的核心关注点 230
3. 互联网+餐饮，如何培育顾客的参与感 235
4. 如何借互联网工具提升结构效率 238
5. 餐饮业离大数据和智能化时代有多远 242

第一部分

引爆餐饮,智慧开店

第一章

餐饮行业——如何选择合适的项目

在餐饮行业的汪洋大海中，有人志得意满、一帆风顺，有人则惨淡经营、丢盔弃甲……于是许多正在开店的人大吐苦水，感叹竞争激烈、生意难做。的确，在"千米之内百家店"的竞争环境中，要想成功地经营好一家餐厅确非易事。开店最重要的，首先就是选择适合自己的项目。

1. 互联网时代，从餐饮行业数据看趋势

随着我国餐饮业的发展，餐饮模式也越来越多样化。

随着互联网的发展，传统餐饮模式也受到了很大的冲击。餐饮行业也在不断升级换代，"互联网+"作为传统餐饮的品牌升级模式，各种新型餐饮如雨后春笋般快速发展。

中国人口众多，吃穿住用行都是刚需，餐饮市场需求自然很大。

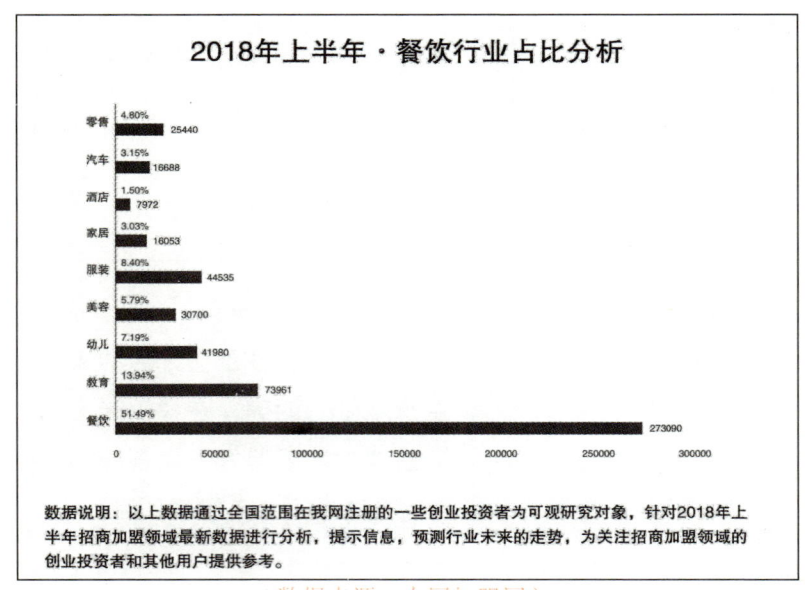

2018年上半年·餐饮行业占比分析

行业	占比	数量
零售	4.80%	25440
汽车	3.15%	16688
酒店	1.50%	7972
家居	3.03%	16053
服装	8.40%	44535
美容	5.79%	30700
幼儿	7.19%	41980
教育	13.94%	73961
餐饮	51.49%	273090

数据说明：以上数据通过全国范围在我网注册的一些创业投资者为可观研究对象，针对2018年上半年招商加盟领域最新数据进行分析，提示信息，预测行业未来的走势，为关注招商加盟领域的创业投资者和其他用户提供参考。

（数据来源：中国加盟网）

下面，我们通过餐饮行业统计数据的分析，来看餐饮业的未来趋势。

根据中国烹饪协会统计，近几年全国餐饮收入连年增长，2017年更是达到了4万亿元的新高度，同比增长10.7%。预计2018年、2019年这个数据会继续创新高。

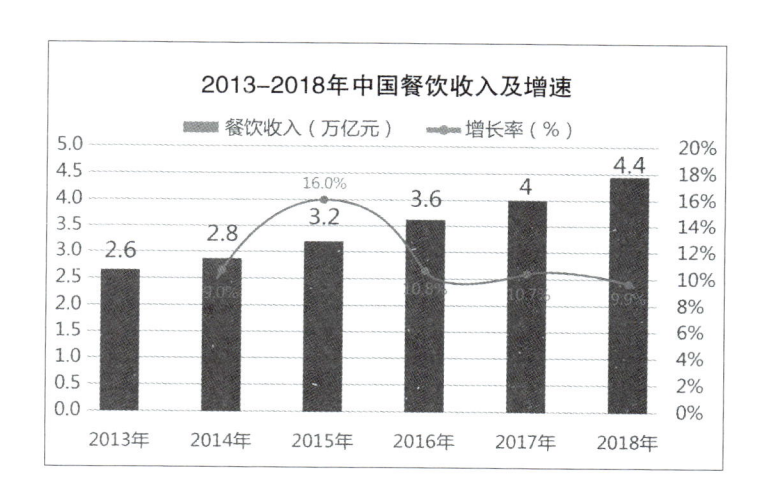

2013-2018年中国餐饮收入及增速

年份	餐饮收入（万亿元）	增长率（%）
2013年	2.6	9.0%
2014年	2.8	16.0%
2015年	3.2	—
2016年	3.6	10.8%
2017年	4	10.7%
2018年	4.4	9.9%

通过对这近4万亿元餐饮市场的分析，来看看未来餐饮领域将要发生哪些变化？

（1）"90后""00后"餐饮消费比重占50%

根据2017年数据显示，在餐饮消费人群中，年轻人依旧是消费主力。仅仅"90后""00后"这两个年龄段的人就贡献了一半的订单。年轻一代消费群体的主要特点在于：多元化、多样化、个性化，而且这类人群比较喜欢尝试新鲜事物。

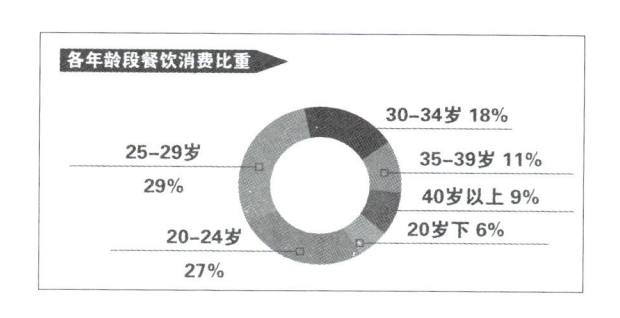

各年龄段餐饮消费比重

- 30-34岁 18%
- 25-29岁 29%
- 35-39岁 11%
- 40岁以上 9%
- 20-24岁 27%
- 20岁下 6%

（2）消费者选择餐厅最关注：就餐环境

消费者选择一家餐厅就餐，首要关注的因素是什么？

首先是就餐环境，占 19.2%；其次才是菜品的口味，占 17.8%。由此可见，未来消费者不断追求更优的消费环境和消费体验将成为趋势。

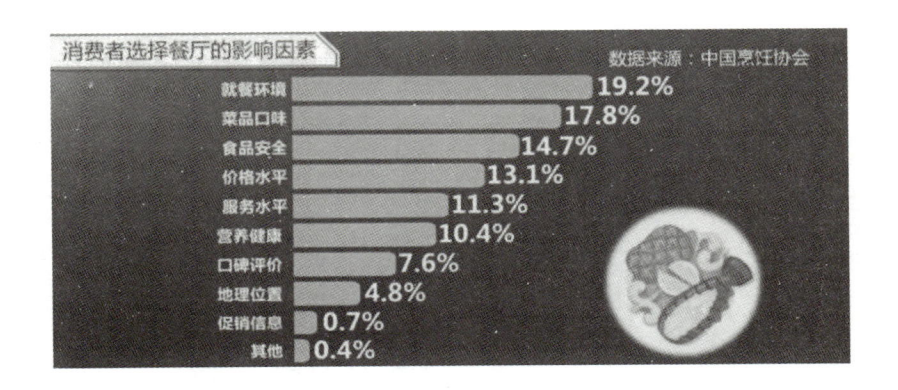

消费者选择餐厅的影响因素（数据来源：中国烹饪协会）

就餐环境	19.2%
菜品口味	17.8%
食品安全	14.7%
价格水平	13.1%
服务水平	11.3%
营养健康	10.4%
口碑评价	7.6%
地理位置	4.8%
促销信息	0.7%
其他	0.4%

（3）餐饮业趋向多元化

根据 2017 年数据显示，中餐仍然占据中国餐饮市场的主导地位，市场份额占到 50%以上，除了正餐外，休闲餐厅也迅速发展起来。同时，西餐、日本料理、韩国料理等国际餐饮品类也占有一定份额。

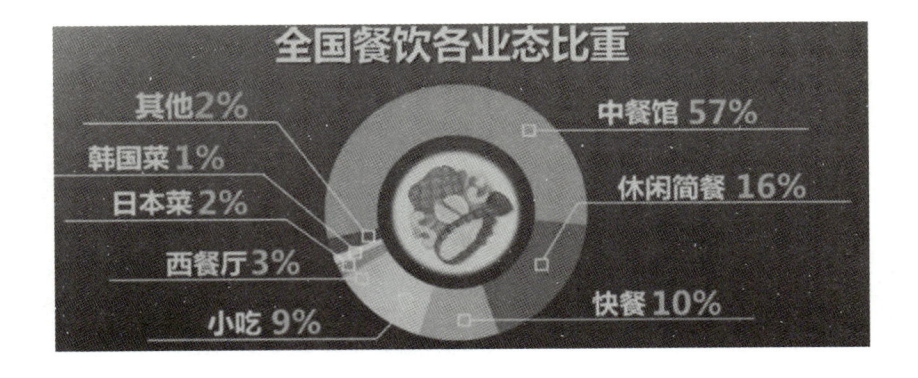

全国餐饮各业态比重

中餐馆	57%
休闲简餐	16%
快餐	10%
小吃	9%
西餐厅	3%
日本菜	2%
韩国菜	1%
其他	2%

2. 自我评估：你适合干餐饮吗

餐厅创业之前，请先认清你自己。

根据笔者在餐饮业多年积累的经验，成功的餐饮业主往往表现出一些共同特点。我们将这些最基本也是最重要的特点列举如下。如果你没有这些特点，也不要担心。认识这些特点正是你培养这些特点的关键，这也意味着你向成功迈进了重要的一步。

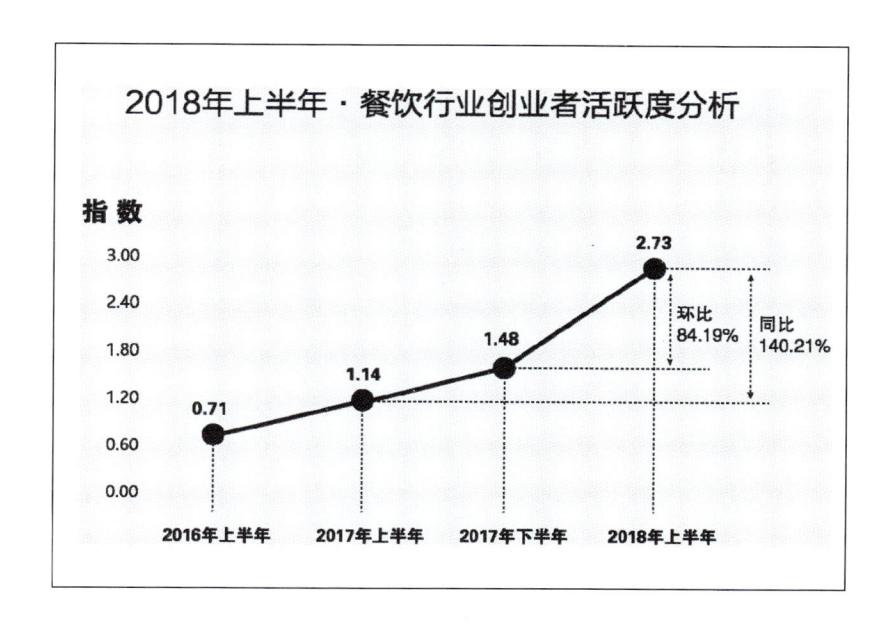

2018年上半年·餐饮行业创业者活跃度分析

时间	指数
2016年上半年	0.71
2017年上半年	1.14
2017年下半年	1.48
2018年上半年	2.73

环比 84.19%　同比 140.21%

下面，我们通过自我评估，认清自己是否适合开餐厅？

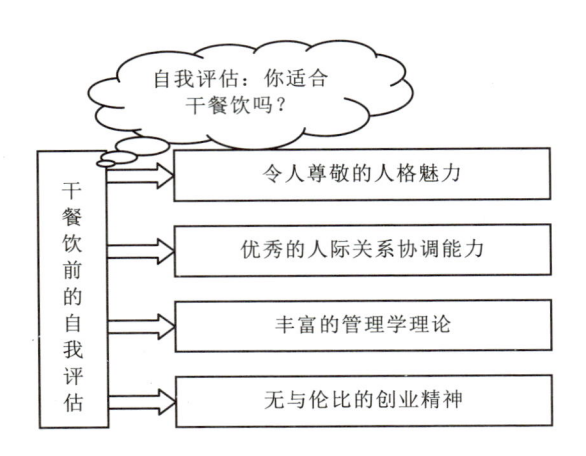

```
                   ┌─────────────────┐
                   │ 自我评估：你适合  │
                   │   干餐饮吗？     │
                   └─────────────────┘
        ┌──→ ┌──────────────────────┐
        │    │   令人尊敬的人格魅力    │
   干   │    └──────────────────────┘
   餐   ├──→ ┌──────────────────────┐
   饮   │    │ 优秀的人际关系协调能力  │
   前   │    └──────────────────────┘
   的   ├──→ ┌──────────────────────┐
   自   │    │   丰富的管理学理论     │
   我   │    └──────────────────────┘
   评   └──→ ┌──────────────────────┐
   估        │  无与伦比的创业精神    │
             └──────────────────────┘
```

（1）令人尊敬的人格魅力

餐厅创业者的首要素质不是所谓的学习、创新等，而是人格魅力。只有一个具备人格魅力的领导，才能打动员工、吸引员工，赢得他们的依赖和信任。

一个领导者的人格魅力可以表现在多方面，比如亲切、宽容、正直、严谨、有学识、守信用等，尤其是亲和力，更是一种感召力、凝聚力。

如何将餐厅创业者的意愿，通过行动输出结果？这个过程，起到重要作用的就是人格魅力。许多情况下，餐厅创业者的个人品德、情操产生的亲和力与管理之下权力所产生的效力成正比，即亲和力越强，员工对你的管理越配合、越积极；反之，亲和力越弱，管理所产生的效力越小。

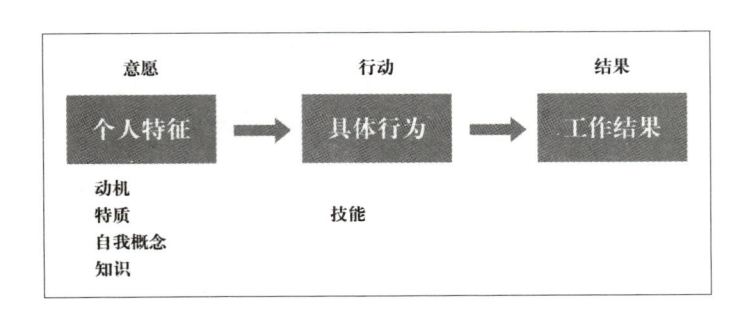

```
     意愿              行动              结果
  ┌────────┐       ┌────────┐       ┌────────┐
  │ 个人特征 │ ───→ │ 具体行为 │ ───→ │ 工作结果 │
  └────────┘       └────────┘       └────────┘
   动机              技能
   特质
   自我概念
   知识
```

（2）优秀的人际关系协调能力

一个合格的餐厅创业者，必须具备优秀的人际关系协调能力，而最主要的就是说服他人的能力。

餐厅创业者的日常工作之一就是人际关系：工作计划的传递、执行困难的反馈、日常经营的现状都必须在人与人的沟通中反映出来，更要在沟通中不断地加以解决。

餐厅创业者需要注意以下常见的沟通障碍：

常见的沟通障碍

- 过早下评论
- 一心二用
- 注意力分散
- 直接跳到结论
- 简单思维
- 偏见
- 思维模式化
- 猜想
- 不善于倾听
- 思想僵化
- 先入为主
- 有听力障碍
- 压力
- 精力不够集中
- 只选择想听的内容

一个合格的餐厅创业者必须懂得如何营造融洽欢畅的沟通气氛，如何运用合理的方法进行协调，最终说服他人、解决问题。

（3）丰富的管理学理论

餐厅创业者只有具备丰富的管理学理论基础，才能更有效、更科学地指导和管理员工；而单凭一般的管理经验或者临时去想、去找，难免会出现各种差错。

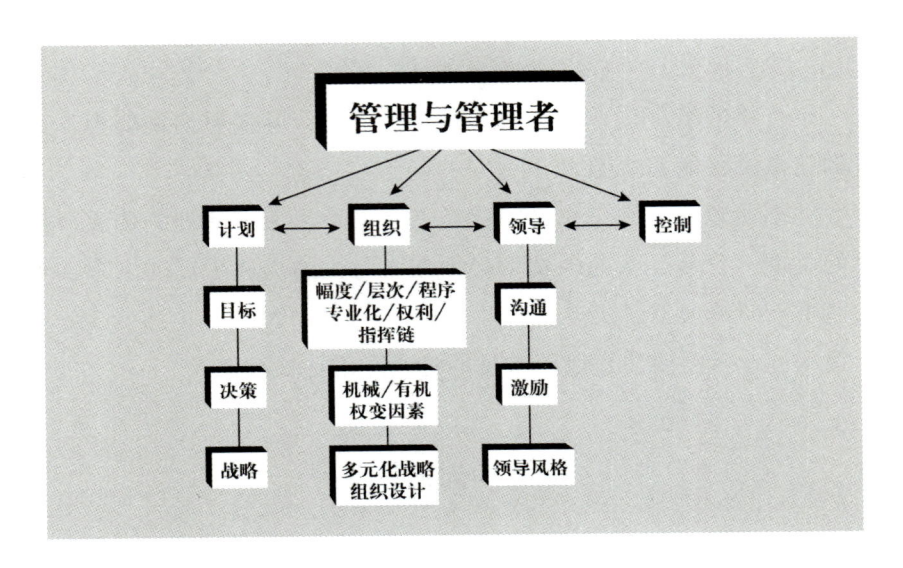

```
                管理与管理者
          ┌────┬──────┬──────┬────┐
         计划  组织   领导   控制
          │    │      │
         目标  幅度/层次/程序  沟通
               专业化/权利/
               指挥链
          │    │      │
         决策  机械/有机   激励
               权变因素
          │    │      │
         战略  多元化战略   领导风格
               组织设计
```

理论指导实践，通过掌握科学的管理学理论，建立适合本组织的可复制的管理体系，是优秀餐厅创业者的必备素质。

（4）无与伦比的创业精神

一个人想要在事业上成为大树，需要有成为参天大树的基因；一个人想开餐厅，想创业，想成为企业家，也需要创业的基因——创业精神。

我们都知道，一棵树的种子，无论放在什么样的土壤里，它最终都会成长为一棵大树；而一粒草的种子，无论放在哪儿，只能长成一株草。由此可见，基因决定未来。

对创业者来说，这个做大树的基因来源于巨大的勇气。

创业的人想做大事，勇气至关重要。我们常说，成功靠机遇。很多创业者之所以取得了巨大成就，关键就在于他能够抓住机遇。然而，机遇往往又是与风险并存的。创业者想要抓住机遇，就必须承担一定的风险。因此，一个想要创业的人如果不具备敢于承担风险的勇气，就不可能抓住重要机遇。

📁 小贴士：

自我创业是实现老板梦的最佳途径，也是最便捷、最可靠的途径。

许多人都有创业的愿望，但是真正敢干的人却寥寥无几。为什么会这样？因为创业的风险是巨大的。一个人一旦选择创业，不仅意味着失去原有的工作机会，而且一旦创业失败，还会损失大量的资金。面对创业的风险，绝大多数渴望创业成功的人都因为缺乏足够的勇气，只能一面抱怨现实残酷，一面又屈从于现实，平庸地生活下去。

☕ 总结：

那些真正取得成功的创业者，在面对机会的时候，深思熟虑之后，敢于拿出自己的勇气努力抓住机遇。虽然，他们知道自己去闯会遇到不少风险和挑战，但是他们明白只有闯才能改变自己的生活，安于现状是没有前途的。他们内心当然会对自己的选择有一定的恐惧，但他们有足够的勇气和智慧去克服这种恐惧。这是他们成功的一个关键因素。

3. 手中有粮，心中不慌

俗话说："巧妇难为无米之炊"，创业的先决条件是要有足够的资金。投资经营餐厅需要一笔不小的开办费和周转资金，在准备工作中，充裕的资金是先决条件。

餐饮行业资金准备越充分越好，以免在开办初期因各种不可预测的因素造成周转不灵，以致前功尽弃。这笔资金可能是你多年的辛苦积蓄，或是向亲朋好友筹集而来的。资金越充足开办餐厅时越游刃有余，但并不是要求你全部投入。

如果你是工薪一族，积蓄的资金最好不要全部投入，以免餐厅亏损让你蒙受巨大损失。因此初开餐厅时不要盲目追求规模，以免投资过大而承担较大风险。中低档的餐厅收入相对较少，风险也较小。你可以在开中低档餐厅的过程中逐渐摸索经验和规律，为日后的发展做准备。

小型餐厅虽盈利不大，但把生意做好了，日积月累，资金也会逐渐积累起来。只要踏踏实实做生意，小资本也有变成大资本的一天。如果手头的资金很少，连开小规模的餐厅都不够，就应该积极筹措资金、借入资本。同时，也可以寻求生意合作伙伴。

总结：

一般来说，投资餐厅的资金有四种来源：自有资金、与朋友合伙、借贷、寻找天使投资人。

（1）自有资金

利用自有资金进行投资、经营餐厅，有以下三个优点：

- ◆ 易于组织或停办：利用自有资金投资，经营者能在任何时候扩大或停办业务。
- ◆ 行动和控制自由：所有权属于创业者本人，可以掌握经营决策及实施的全过程，有绝对自由发挥的空间。
- ◆ 无须分配利润：经营的利润属于经营者，所得的利润不需要与其他人均分。

但是，自有资金投资、经营餐厅也有缺点，比如，必须一个人承担亏损的风险，没有人与你一起做决策等。

（2）与朋友合伙

合伙经营是与其他人共同出资创业开店的形式。其主要目的是分担彼此的风险与压力，大家群策群力，集中各自优势提高创业成功率。

选择合作伙伴，首先要看其能否与你达成经营共识。如果达不成共识，合伙投资再多也没用。其次要看合作伙伴是否具备良好的素质。做生意肯定辛苦，甚至还会遇到无数的挫折和困难。合作伙伴是否具备吃苦、坚忍不拔的意志也是要考虑的方面。如果具备了这些良好的素质，那么你们的合作就会愉快，经营成功的概率也将增加。

另外，与他人合作，还必须签订"合作协议书"，明确划分责任和权利、利润分配的比例。否则，合作伙伴之间必会产生矛盾，经营也就无法维持。

在签订"合作协议书"时，应明确规定以下几方面的条款：
- ◆ 每个合作伙伴的管理权限和范畴；
- ◆ 合作期限；
- ◆ 不允许某位合作伙伴提前退出，如果发生这种情况，该如何处理，也应明确规定；
- ◆ 每位合作伙伴的投资额、所占股份的比例、怎样分配利润；
- ◆ 吸引新的合作伙伴的办法；
- ◆ 每位合作伙伴的责任及因不负责任造成的后果该如何处理等。

（3）借贷

创立餐厅时资金周转不灵，或者为筹措一笔资金左右为难时，你自然会想到银行。个人从银行获得的贷款主要有：信用贷款、保证贷款及票据贴现等。目前各银行对个人一般只开展特种消费抵押贷款，如汽车、住房按揭及小额抵押贷款，即个人定期储蓄存单小额抵押贷款。

如果你没有不动产做抵押，也可以贷到款，因为投资前景和投资收益是影响贷款决策的首要因素。银行要对贷款项目进行技术、经济等方面的可行性论证。为此，你必须收集大量的信息，考虑各种可能性，选择最优的投资方案，增加银行贷款的信心。越是相互了解、熟悉的人之间，信任度就越高，也就越容易被说服。

因此与银行保持良好的关系，对生意人来说是至关重要的。

（4）寻找天使投资人

一般来说，新创业者很难得到风险资金的眷顾。这时，一些具有一定资金的个体投资人（也就是天使投资人）如同双肩长翅膀的"天使"，飞来帮助这些有创意的人为企业"接生"。

拓展阅读：

什么是天使投资人呢？

当下有个流行的说法叫"3F"，即家人（Family）、朋友（Friend）和"傻瓜"（Fool）。"傻瓜"其实是真正的天使投资人，他们把钱投资给可能是素不相识的人，尽管你的公司刚刚起步或者只是一个创意。所以，在外人看来，他们与"傻瓜"无异。

对于创业者来说，找家人、朋友做你的天使融资似乎不应该太难，他们爱你、支持你，掏钱帮你创业是理所当然的，但实际上却相当棘手。跟你身边最亲的家人、朋友讲你的创意、商业模式、前景等，是非常伤脑筋的一件事。并且，一旦创业失败，他们备感失望，损失血汗钱的是与你关系最亲密的人，而不是那些了解风险、有钱的外部天使投资人。

让家人、朋友给你投资的难度比想象中要大得多，你得到的拒绝要比支持多。

总结：

作为创业者，因为你的家人、朋友对你最了解，爱你、喜欢你、信任你，愿意把钱拿出来让你去实现一个伟大的商业计划。但找家人、朋友融资也有明显的坏处：

- 如果创业失败，他们投资的钱怎么办？你如何面对这些了解、信任、喜欢你的人？如果出现这样的结局，绝对是令人尴尬和可怕的。
- 创业的过程是孤独的，最需要别人的关心和帮助。就好比你打算爬珠穆朗玛峰的时候，希望找到谢尔巴人做向导。你需要很多有用的人才围在你身边，能够给你建议，帮你出谋划策，甚至指点江山，比如那些在成功的创业公司工作过的创业者和VC。但大部分创业者的家人和朋友却没有运营创业公司的经验。

4. 加盟、合伙，还是单干

如何选择开店模式？

常见的经营投资方式主要有个体独资经营、合伙经营以及投靠加盟体系。如果经营者拥有成熟的经营体系及管理经验，那么就可以考虑独立开店；若经营者无经验，可以选择合适的加盟体系，边经营边学习管理技巧，这也不失为降低经营风险的好方法；若经营者有经验但资金不足，可以邀请有投资意向的人合伙经营。

（1）单干

单干就是个体独资经营餐厅。由一位自然人投资，投资资产为投资者个人所有，并以其个人财产对餐厅债务承担无限责任。

个体餐厅往往规模较小，以快餐店、小吃店、大排档、茶餐厅、中低档酒楼居多。

单干的优势在于：

- ◆ 经营制约因素少，经营者开设、转让、关闭餐厅等，一般仅需向工商行政部门登记即可，手续简单。
- ◆ 与法人企业不同，个体独资企业只需缴纳个人所得税，不需双重纳税，税后利润归个人所有，不需要和别人分红。
- ◆ 对经营者而言，在投资经营中获得的除了利润还有个人的满足感，这是个体独资企业特有的优势。

个体开店也有劣势，体现在经营者个人要负无限财产责任。当经营者所投资产不足以清偿债务时，法律规定企业主不是以投资的财产为限，而是要以投资者的个人财产来清偿债务。也就是说，一旦经营失败，经营者就有可能倾家荡产。

(2) 合伙

合伙经营由多方投资，并且在经营管理上适当分工，经营者的负担会减轻，会轻松些。合伙经营是由两个以上合伙人订立合伙协议，共同出资、合伙经营、共享收益、共担风险，共同对合伙投资的餐厅债务承担无限连带责任的经营形式。

事业合伙人 = 风险共担 + 职业合伙人

合伙人可以货币、实物、房地产使用权、知识产权或者其他财务权利出资，经全体合伙人协商一致，合伙人也可以劳务出资，各合伙人对执行合伙企业事务享有同等的权利。

与个体独资餐厅相比，合伙餐厅的资金来源更广，信用度也较高，更易筹措资金，如从银行获得贷款，从供货商赊购产品等；合伙人集思广益，决策和经营管理水平也更强，可以大大提高餐厅的市场竞争力。

合伙餐厅也存在一些劣势，比如，合伙人要承担无限连带责任，合伙人意见不和时可能影响餐厅的存亡，合伙人不能自由转让自己的股份等。

(3) 加盟

对于没有经验及资金不太充裕的投资者而言，加盟一家资质好、运营模式成熟的连锁餐饮品牌就是他们的首选。

加盟连锁的流程如下：

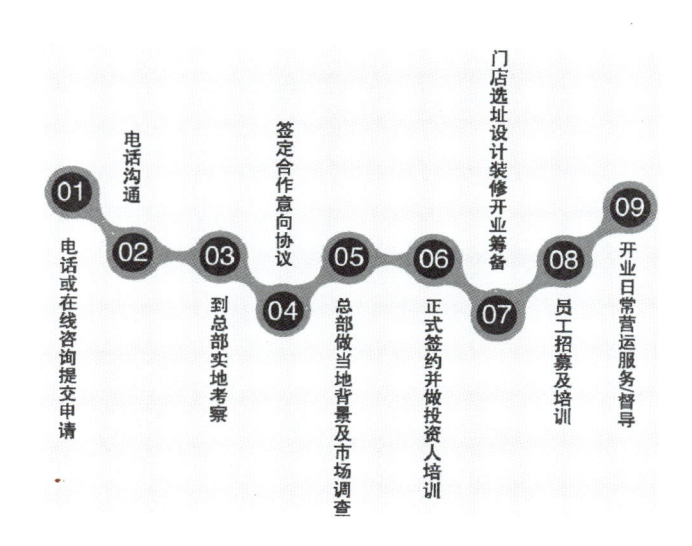

01 电话沟通
02 电话或在线咨询提交申请
03 到总部实地考察
04
05 总部做当地背景及市场调查
06 正式签约并做投资人培训
07
08 员工招募及培训
09 开业日常营运服务督导

门店选址设计装修开业筹备
签定合作意向协议

不过，机会与风险并存，投资者加入餐饮连锁店。既可从中挖掘出令人惊喜的"金矿"，也有可能掉进危险的陷阱。如何选择一家优质的餐饮连锁企业，是中小投资者成功开店的关键，投资者必须把好这一关。

📁 小贴士：

> 一家具有较高知名度和优秀品牌形象的餐饮连锁店，必须具备以下特点：有自身的特色、良好的口碑、较长的发展史和企业文化内涵。

🍴 案例：

宴遇主题餐厅，是一家特色餐厅，所有菜品以麻辣示人，满足了现代消费者的重口味。除此之外，宴遇餐厅在氛围上也很用心。它的设计新颖，用餐环境优雅，高度符合了大众消费者对品质的要求。

品质服务，终有收获。宴遇主题餐厅在八年间受到了市场投资商的认可，据悉，宴遇主题餐厅已经有超过50家加盟连锁店。

宴遇餐厅主要有小型店、标准店、旗舰店这三种加盟模式。不同面积的店铺，投资费用不同。

下表是宴遇餐厅的加盟投资具体费用：

加盟级别	小型店	标准店	旗舰店
店铺面积	80 ㎡	100 ㎡	150 ㎡
房租费用	0.5万元/月	0.7万元/月	1万元/月
装修费用	800元/㎡	800元/㎡	800元/㎡
设备费用	3万元	5万元	7万元
原始材料费	2万元	3万元	5万元
广告宣传费	1万元	1.5万元	2万元
开业费用	0.5万元	0.7万元	0.8万元
人员工资	2500元/月（5人）	2500元/月（10人）	2500元/月（12人）
水电杂费	1400元/月	2000元/月	3000元/月
流动资金	2万元	3万元	4万元
总投资费用	22.39万元	33.45万元	48.3万元

以上投资费用为预估，可能会与实际情况有所差别，仅供参考。

宴遇加盟费多少？

依据上表，小型加盟店为22.39万元，标准加盟店为33.45万元，旗舰加盟店至少需要48.3万元。

5. 合适的餐饮项目，方能令你大显身手

餐饮项目的选择非常重要，选择哪个菜系？是川菜、湘菜、粤菜还是东北菜？开快餐店、粥店、卤味店、时尚餐厅还是冰果室？这不仅可能影响到投资者今后事业的发展，更有可能直接关乎投资的成败。

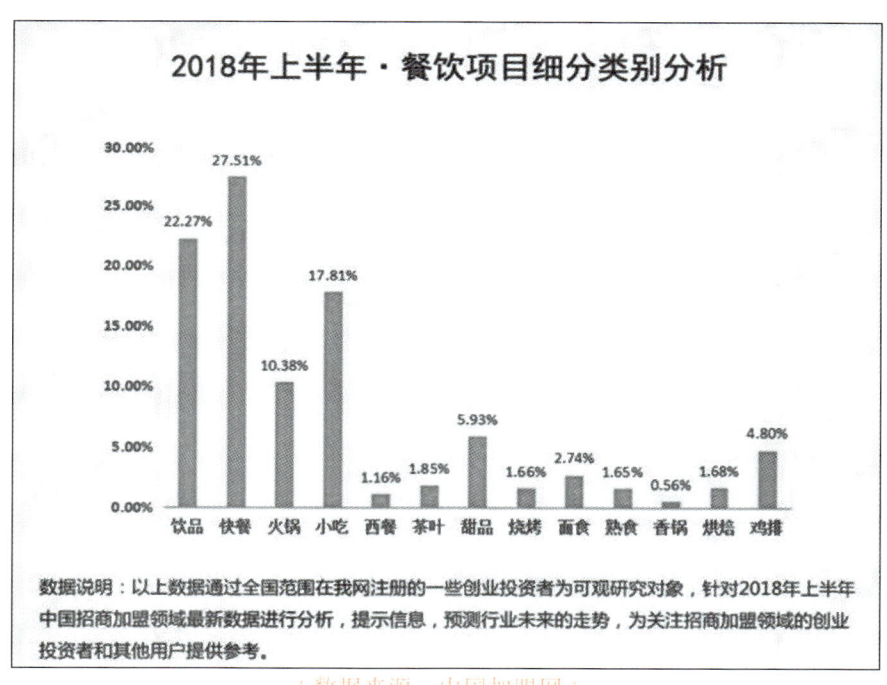

2018年上半年·餐饮项目细分类别分析

饮品	22.27%
快餐	27.51%
火锅	10.38%
小吃	17.81%
西餐	1.16%
茶叶	1.85%
甜品	5.93%
烧烤	1.66%
面食	2.74%
熟食	1.65%
香锅	0.56%
烘焙	1.68%
鸡排	4.80%

数据说明：以上数据通过全国范围在我网注册的一些创业投资者为可观研究对象，针对2018年上半年中国招商加盟领域最新数据进行分析，提示信息，预测行业未来的走势，为关注招商加盟领域的创业投资者和其他用户提供参考。

（数据来源：中国加盟网）

如何选择合适的餐饮项目？

下面，我们来介绍一下常见的餐饮项目：

（1）风味餐厅

风味餐厅主要通过提供独特风味或独特烹调方法的菜品来满足顾客的需求。一般来说，风味餐厅包括以下几种：

- ◆ 专门经营某一类食品或菜品的餐厅，如风味小吃店、面馆、海鲜餐厅、烧烤餐厅等。
- ◆ 专门经营某一地方菜系的餐厅，如川菜馆、鲁菜馆、潮州轩、湘菜馆、北京菜等。
- ◆ 经营某一国家风味菜品的餐厅，如法式餐厅、意大利餐厅、日本料理、韩国料理等。
- ◆ 供应顾客某一特殊需求菜品的餐厅，如素菜馆、清真餐厅、藏餐厅、药膳坊等。

（2）主题餐厅

主题餐厅主要是通过装饰布置和娱乐安排追求某一特定的主题风格，创造一种就餐氛围，以此来招徕顾客的餐厅，如文化餐厅、摇滚餐厅、足球餐厅、汽车餐厅等。

到主题餐厅就餐的顾客主要是为了获得一种感受，而不仅仅是享用食品、饮料本身。所以这类餐厅提供的餐饮品种往往有限，但极富特色。

（3）快餐店

快餐店提供快捷的餐饮服务，这类餐厅店面规模通常不大，品类较为简单，多为大众化的中、低档菜品，并且多以标准分量的形式提供。

近年来，人们的生活节奏日益加快，使得快餐店的市场不断增加，无论在数量上，还是在销售额上，增长得都很快。

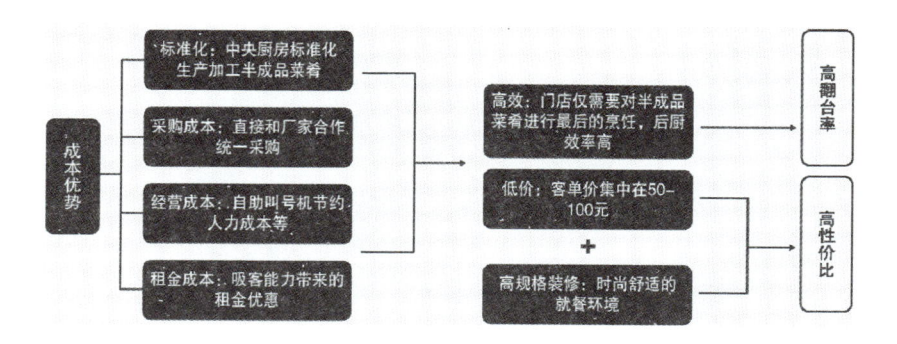

```
                    ┌─ 标准化：中央厨房标准化
                    │   生产加工半成品菜肴 ──┐
                    │                        │      ┌─ 高效：门店仅需要对半成品 ──┐      ┌──────┐
          ┌─成本─┤─ 采购成本：直接和厂家合作   │      │   菜肴进行最后的烹饪，后厨    │      │ 高翻 │
          │ 优势 │   统一采购                │      │   效率高                    │      │ 台率 │
          │      │                          │      │                            │      └──────┘
          │      │─ 经营成本：自助叫号机节约  │      │─ 低价：客单价集中在50-       │      ┌──────┐
          │      │   人力成本等              ├──────┤   100元                    ├──────│ 高性 │
          │      │                          │      │       +                    │      │ 价比 │
          │      └─ 租金成本：吸客能力带来的  │      │─ 高规格装修：时尚舒适的      │      └──────┘
          │          租金优惠                │      │   就餐环境                  │
```

快餐店一般包括中式快餐店和西式快餐店（如麦当劳、肯德基等）。

（4）自助餐厅

自助餐厅分为传统自助型与火锅自助型。

传统自助型是我国餐饮企业借鉴西式冷餐厅站立服务的模式，根据顾客的需求，洋为中用、中西结合的自助形式，菜品除西式冷餐外，增添了中式热菜、烧烤等，经营者还在餐厅内增添了桌椅供顾客就座，深受中外顾客的欢迎。

火锅是我国传统的餐饮形式，自助火锅是在传统火锅的基础上结合现代餐饮的设施设备、器具以及服务方式而形成的具有现代特色的餐饮方式。自助火锅的食材一般由顾客按个人口味搭配调味料自选自取。

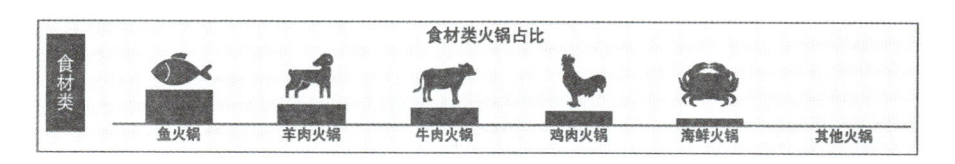

食材类火锅占比

| 食材类 | 鱼火锅 | 羊肉火锅 | 牛肉火锅 | 鸡肉火锅 | 海鲜火锅 | 其他火锅 |

地域类火锅占比

| 地域类 | 重庆火锅 | 四川火锅 | 老北京火锅 |

案例：

巴奴火锅：定位越窄，品牌越有力

优秀的企业，往往都会通过一种鲜明的符号让消费者记住。"缩小目标、分门别类、尽可能简化"，这是在传播过度的社会环境中获得成功的最大希望。定位越窄，品牌越有力，消费者才能在产生某种需求时，将你的品牌作为首选，各行各业都是如此。

巴奴火锅创立于2001年，前期主打"本色本味"，在河南郑州的火锅市场中并无任何出彩之处。2011年之后，巴奴火锅进行了重新定位，将口号升级为"服务不是巴奴的特色，毛肚和菌汤才是"，立足于主打产品毛肚和菌汤，成功实现了扭亏为盈。

一段时间后，巴奴火锅再次对主打产品进行了改革，舍弃菌汤，聚焦毛肚。此次转变，让其一举成为能与海底捞分庭抗礼的火锅品牌。

（5）超市餐厅

超市餐饮借鉴于零售业中超市的布局原理，即开架陈列、自我服务等，是以"餐饮商品"为经营内容的超级市场。超市型的餐饮布局为透明化、开启式，分为进食区、食街区、操作区及就餐区。消费者既可以自选熟食食用，也可以选半成品或鲜活食品，实时提供现场烹制服务。顾客不仅可以观看厨师的烹制表演，还可以亲自参与烹饪，趣味盎然，气氛热烈。

（6）吧台服务型餐厅

吧台服务型餐厅中以吧台和吧凳替代了传统的桌椅，顾客坐在吧凳上边点菜边用餐。采用这种经营形式的餐厅，工作台一般沿墙摆放，呈直线形或半圆形，顾客通过玻璃柜台选择自己喜欢的食品，坐在柜台外的吧凳上等候现场烹制。采用吧台服务型的餐厅所经营的品种一般较为简单，制作较为容易。

（7）烧烤餐厅

烧烤餐厅专门供应各种烧烤。这类餐厅内有排烟设备，在每个烤炉上方都有一个吸风罩，以保证烧烤时油烟的焦煳味不散播开来。烧烤炉根据不同的烧烤品种而异，有的是专门的炉，有的是组合于桌内的桌炉。

案例：

遇见小面——从简陋的街边小吃店发展到现在已经拥有十几家门店的连锁品牌，遇见小面用自身经历书写了餐饮业的一个传奇：创办不足3年，成功融资4笔，一举成为资本的宠儿。

对大多数餐饮人来说，遇见小面何其幸运，但幸运背后蕴含着的却是创始人宋奇不为人知的艰辛与抉择。

如何选择一个容易赚钱的品类？这大概是所有餐饮新手最烦恼的一件事。商业模式越好的品类，竞争者越多，这一点毋庸置疑。

创业者在选择品类时，尽量不要选择西餐和中式正餐，一则没优势，二则很多品牌已经发展得较为成功，你不是它们的对手。宋奇当时之所以选择小面这个品类，原因大致有三个：

一是寻求品类的差异化，在饮食清淡的广州地区做麻辣味型的重庆小面，容易让人印象深刻；

二是小面的制作工艺简单，可标准化复制，适合做连锁品牌；

三是当时小面的品类还有很多市场空白没有被开发。

对品类做进一步细分是餐饮市场未来的发展趋势。比如现在做重庆小面，未来进一步细分后，就是做豌杂面、肥肠面等，越分越细。产品足够简单，才能做到极致，更有利于优化餐厅的成本结构。

"创业初期尽量选择产品结构不太复杂的，比如那些大众化的，市场上还未有强势品牌的特色小吃品类，将是特别大的价值洼地。"宋奇这样建议。

6. 餐饮新物种："零售+餐饮"之跨界融合

互联网时代，网购已经与我们的生活息息相关。网购的疯狂，导致陪伴我们一代又一代的"传统门店"面临关店，很多人高呼传统门店的冬天来了。

于是，选择新模式创业已经蔚然成风。

特别是在科技巨头公司的带动下，比如京东与永辉超市推出的"超级物种"，开拓了"超市+餐饮"的零售新业态；最值得期待的是阿里巴巴投资的"盒马鲜生"，其不限于传统连锁超市和APP，而是供应链重构、品类重构、服务重构后诞生的OAO模式的新零售，这必将颠覆传统餐饮的门店模式。

案例：

相比其他零售新物种而言，盒马鲜生刚出现就备受推崇。

盒马鲜生俨然是自带光环，首家门店一天是几十万元的销售额，线上线下售卖超过1万单，客单价高达70元，综合坪效达到5万元，为传统超市的45倍。一个面积只有4 500平方米的生鲜超市，年预计可以做到2—3亿元人民币的销量，让其他超市望尘莫及。

同时，实现线上线下的全渠道高度融合，每件商品都有电子标签，可通过APP扫码获取商品信息并在线上买单，3 000米内30分钟送达，做到新鲜每一刻，所想即所得。

盒马鲜生盈利模式：

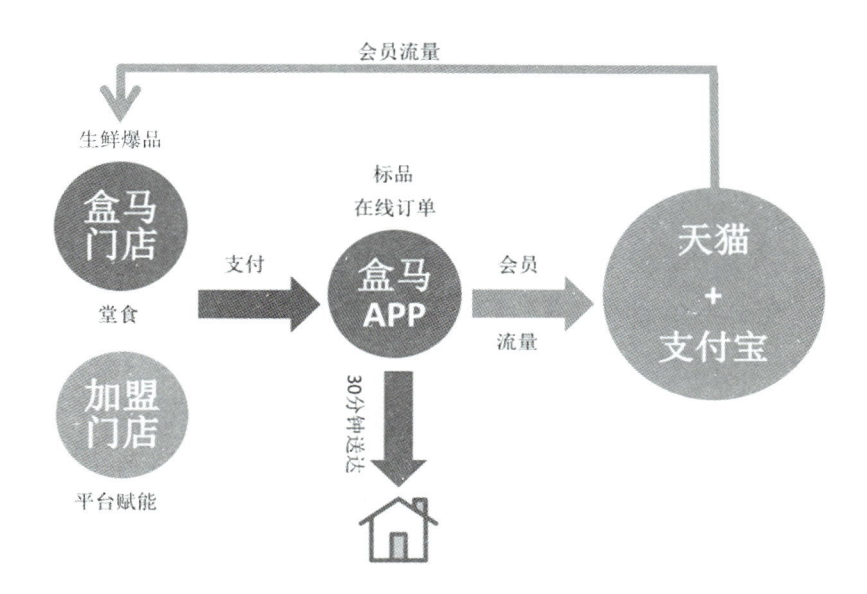

盒马鲜生是一种新的零售模式，到底新在哪里？对行业又会有哪些颠覆？

首先是打造 OAO（Online And Offline）消费闭环。不接受现金付款，只接受支付宝付款。消费者到店消费时，需要安装 APP，然后再注册成为会员，通过支付宝完成付款；支付宝付款可以形成大数据、广告、营销价值，以填补 OAO 成本。同时，让每位到店消费者成为其会员，不仅可以增强消费过程的流畅性，更重要的是能够增加用户的黏性，打造消费闭环。

借助大数据深耕会员价值，提高用户黏性，是传统线下体验店所比不了的。

其次是极致的购物体验。店里售卖 103 个国家超过 3 000 多种商品，其中 80%是食品，生鲜产品占到 20%。售卖的产品分为肉类、水产、水果、南北干货、米面油粮、烘焙、熟食、烧烤以及日式料理等，分区明细，指引清晰，方便顾客挑选。还有来自世界各地的鲜活海鲜，如俄罗斯红毛蟹、波士顿龙虾、澳洲帝王蟹等。同时，把"餐厅"纳入实体店吸引流量，让消费者有了更多逛店的理由，也让店内生鲜产品有了更多的销售出口。

盒马鲜生的牛排、海鲜及熟食餐厅区占地 200 平方米左右，里面设置了五张四方桌子，深受消费者欢迎。此外，为配合精品超市的定位，店内还设有百货、鲜花等商品区，基本满足了人们的生活需求。

再次是以店做仓提升效率。门店布局新颖，集"前置仓+线下体验+线上展示"于一体。常规电商用仓做配送，盒马选择用店做仓，店仓一体化。门店货架即为线上虚拟货架，让顾客对购物环境、商品品类和品质、服务质量有更真切的感受，增强客户的信任感。拥有一套自动化运货设备，在店内设置了 300 多平方米的合流区，从前端体验店到后库的装箱，都是由物流带来传送的。

进入门店，消费者头顶就是飞来飞去的快递包裹，下方则是琳琅满目的食品，设置十分新颖，消费体验非同一般。

然后是 D2D（Door To Door）的门对门配送服务，深度挖掘忠实粉丝。主营的生鲜、食品等配送，基于门店发货，线上订单配送范围为体验店周围 3 千米内，配送时间为 8:30—21:00。通过电子价签等新技术手段，可以保证线上与线下同品同价，通过门店自动化物流设备保证门店分拣效率。

盒马免费配送到家，短期来看成本相较于传统卖场偏高，但最终是为了实现对核心商圈客户群的主动覆盖，一旦实现将快速颠覆传统卖场，实现规模效益，摊低物流成本。

最后是"零售+餐饮"的跨界融合，提升客流及用户体验。一方面在超市内引入餐饮区域模式为顾客提供就餐环境，同时延长顾客在店内停留时间，增强顾客黏性。另一方面，餐饮的高毛利率也可改善零售的盈利结构。店内生鲜产品偏中高档，包括进口澳洲龙虾、波士顿龙虾、帝王蟹等。比较相同新鲜度和品质的生鲜，主打生鲜 OAO 的盒马鲜生仍然具有一定的价格优势。同时配备了海鲜代加工服务，方便消费者在店内享用最新鲜的美食，也提升了转化率。

7. 餐厅规模、费用、特色定位

选定合适的餐饮项目之后，投资者最关心的问题就是餐厅规模、费用和特色定位。

宴请　　　　　　高规格、服务贴心

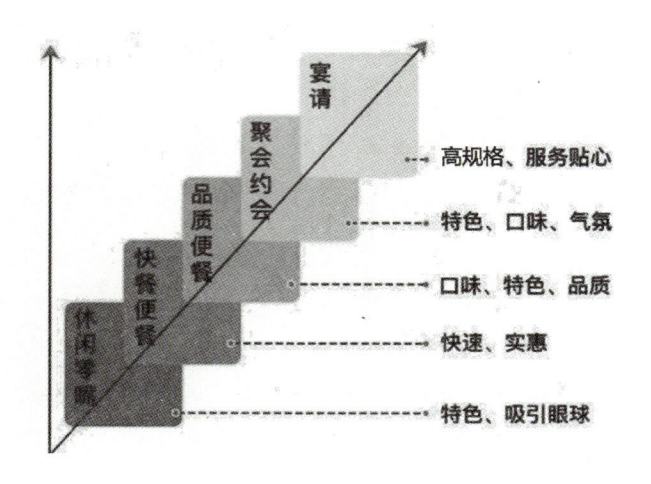

聚会约会　　　　特色、口味、气氛

品质便餐　　　　口味、特色、品质

快餐便餐　　　　快速、实惠

休闲等吧　　　　特色、吸引眼球

（1）餐厅规模

餐厅的面积首先取决于经营者的投资预算，经营者投资预算中有一大部分资金会用于支付房租。房租金额在经营者投资预算之内的情况下，餐厅的面积当然越大越好。

店面的客容量就是要确定店面可以安排的座位数量和有效经营的时间。店内要有厨房等操作面积，以及库房、卫生间、通道等辅助面积，除去这些面积后才是可以用于经营的店面面积。餐厅的营业面积通常为其总面积的 50%—70%，每一个座位所占面积因餐台形式不同而不同。

人均消费是指顾客平均每人每餐的消费金额，这是由顾客的收入水平决定的。人均消费要通过市场调查来确定。不同城市、同一城市的不同区域、同一区域不同的消费群体，由于其收入水平的差异，人均消费额都会有所不同。

只有综合考虑了餐厅经营者的投资能力、房租的价格、店面的容量、顾客的消费水平和餐厅的利润标准后，才能确定合理的餐厅规模，获得更好的经营效果及更多的利润。

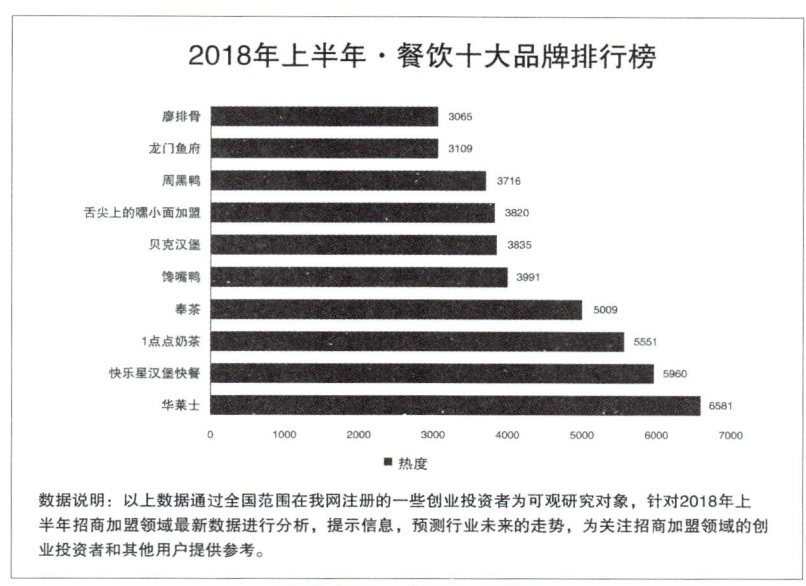

2018年上半年·餐饮十大品牌排行榜

品牌	热度
廖排骨	3065
龙门鱼府	3109
周黑鸭	3716
舌尖上的嘿小面加盟	3820
贝克汉堡	3835
馋嘴鸭	3991
奉茶	5009
1点点奶茶	5551
快乐星汉堡快餐	5960
华莱士	6581

数据说明：以上数据通过全国范围在我网注册的一些创业投资者为可观研究对象，针对2018年上半年招商加盟领域最新数据进行分析，提示信息，预测行业未来的走势，为关注招商加盟领域的创业投资者和其他用户提供参考。

（数据来源：中国加盟网）

（2）做好费用预估

经营者在确定了餐厅的规模之后，就要估算是否有足够的开店费用了。由于市场的不断变化，餐饮业的竞争越来越激烈，许多餐厅难以维持生计，只好标价出让，如果经营者想要收购一家餐厅，花 5—10 万元亦有机会。

如果经营者选择投资新开一家餐厅，则所需费用较大，具体开销还要根据地段、房租及装修的程度来定。那么，作为餐厅的经营者，应该怎样判断自己的投资资金是否充足呢？

通常，餐厅开张所需的费用有房屋租金、材料设备费、人员工资、管理费用等。

📁 小贴士：

> 一般申请新领餐饮牌照，经营小型餐厅，开办费用在 20—30 万元；餐饮项目转让通常需要 10—20 万元。

由于投资餐厅具有一定的风险，因此，经营者在投资时不应盲从，投资的同时也要安排好自己及家庭的生活和开销，只有解除了后顾之忧，创业才能有保证。

拓展阅读：

一些餐厅在资金运用上的普遍不足是固定资产和流动资产的比例失调，把大多数的钱投入难以变现的资产上，如过多地采用购买的形式投资房产设备。实际上，对大多数新开的餐厅来说，租赁是更好的选择，它可以减少餐厅初期的现金支出。

（3）准确定位

只有满足顾客的需求，顾客才会购买餐厅的商品或服务。投资餐饮也是一样，一个成功的餐厅，必须找准定位，餐厅有了自己的经营特色，才能吸引顾客，经营者才算是投资有道。

营运期餐厅生产流程图如下：

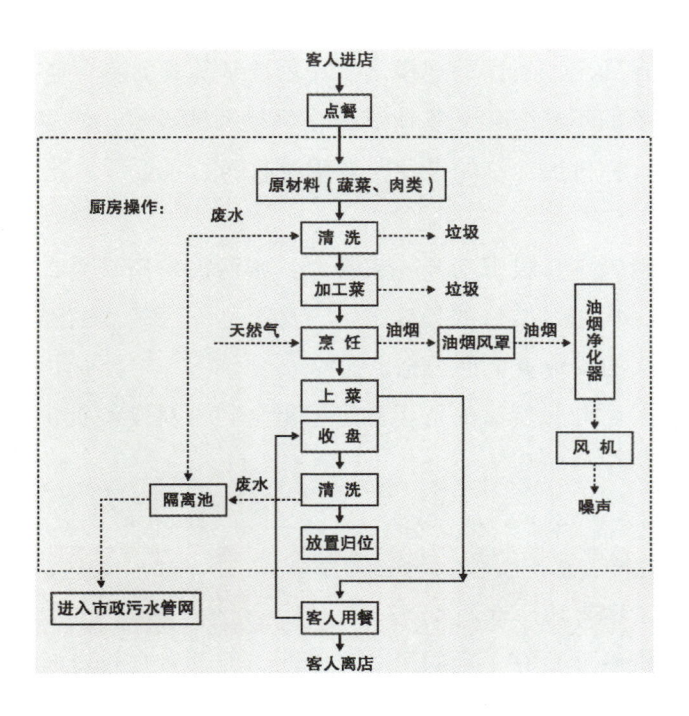

目前，餐饮市场上的小餐厅，菜品多数属川菜、湘菜、粤菜等菜系。餐厅要想盈利就要有自己的招牌菜，也就是自己的"拳头产品"，这样顾客才有来店的理由。

比如，广州一家主营"煲仔饭"和"蒸饭"的餐厅老板认为："投资餐厅必须要有自己的招牌菜，我店的特色就是'荷叶蒸饭'。因为味道独特，所以生意一直很火。"一般小餐厅规模都较有限，如果定位准确，经营中基本不会有什么风险。

第二章

餐饮选址——为你的店选个好地段

什么叫作选址，对于餐厅而言，选址就是抢夺"地利"！选址问题是一个极其复杂的综合性商业决策的过程，既要定性分析，又要定量分析。选址的成功与否直接关系到餐厅的生存与发展，其经营绩效的好坏很大程度上依赖于选址的正确与否，是关系到企业发展前途的大事，所以对餐厅选址策略要进行深入的研究，同时结合餐厅的性质、条件、特点进行企业战略规划。

1. 商圈调查，必不可少

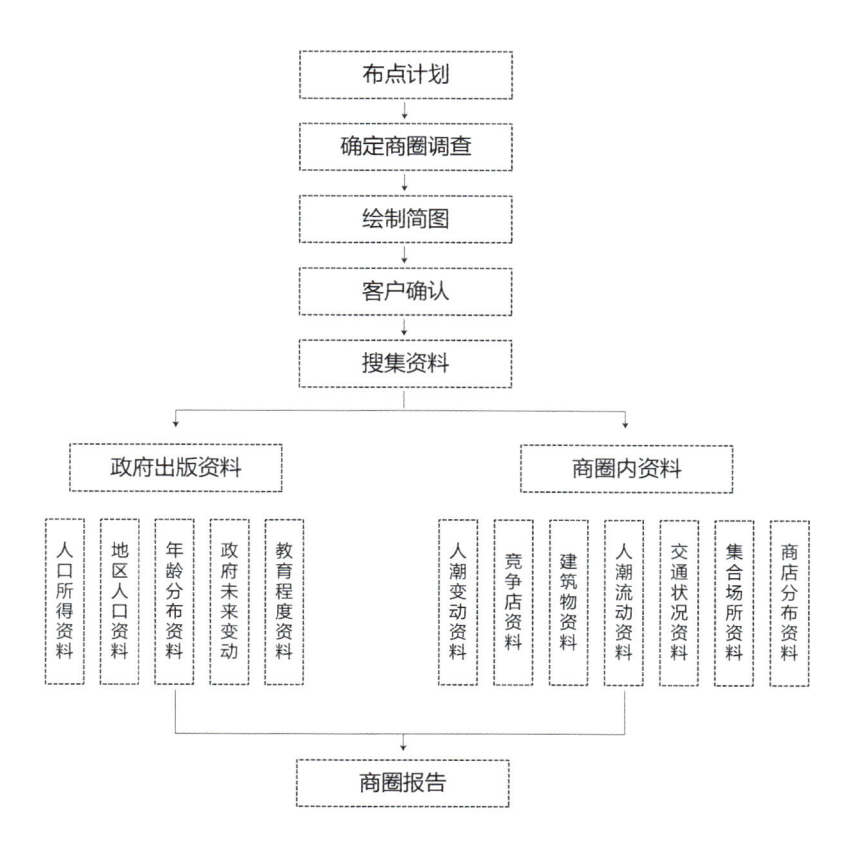

```
        ┌─────────────┐
        │  布点计划   │
        └──────┬──────┘
               ↓
        ┌─────────────┐
        │ 确定商圈调查│
        └──────┬──────┘
               ↓
        ┌─────────────┐
        │  绘制简图   │
        └──────┬──────┘
               ↓
        ┌─────────────┐
        │  客户确认   │
        └──────┬──────┘
               ↓
        ┌─────────────┐
        │  搜集资料   │
        └──────┬──────┘
         ↓            ↓
  ┌────────────┐  ┌────────────┐
  │政府出版资料│  │ 商圈内资料 │
  └────────────┘  └────────────┘
   ↓ ↓ ↓ ↓ ↓      ↓ ↓ ↓ ↓ ↓ ↓
```

政府出版资料：人口所得资料 | 地区人口资料 | 年龄分布资料 | 政府未来变动 | 教育程度资料

商圈内资料：人潮变动资料 | 竞争店资料 | 建筑物资料 | 人潮流动资料 | 交通状况资料 | 集合场所资料 | 商店分布资料

        ↓
  ┌─────────────┐
  │ 商圈报告   │
  └─────────────┘

商圈是指一家餐厅的顾客所来自的地理范围，或者是餐厅能够吸引顾客的范围。通常以餐厅的坐落点为圆心，向外延伸某一距离，以此为半径构成的一个圆形的消费圈。商圈的大小反映着一家餐厅经营的辐射能力。

商圈范围对餐厅的确定非常重要，其一方面可用于指导餐厅的选址；另一方面可以具体了解餐厅的消费者构成及其特点，从而确定目标市场和经营策略。对商圈内人口的消费能力进行调查，计算商圈不同区域内人口的数量和密度、年龄分布、文化水平、职业分布、人均可支配收入等许多指标，了解其商圈范围内的核心商圈、次级商圈和边缘商圈内各自居民或特定目标顾客的数量和收入程度、消费特点与偏好。

（1）商圈的分类

根据就餐顾客的分布比例，餐厅的商圈可进一步划分为核心商圈、次级商圈和边缘商圈。核心商圈是指最接近餐厅并拥有高密度顾客群的区域，顾客占顾客总数的比例最高，顾客的集中度较高；次级商圈位于核心商圈的外围，顾客光顾率较低，顾客占顾客总数的比例较少且较为分散；边缘商圈位于次级商圈之外围，顾客占顾客总数的比例相当少，且非常分散，属于餐厅的辅助商圈。

对于餐饮行业来说：

- ◆ 核心商圈：餐厅所在区域内的顾客数占总顾客数的 55%—70%；
- ◆ 次级商圈：餐厅所在区域内的顾客数占总顾客数的 15%—25%；
- ◆ 边缘商圈：餐厅所在商圈中去除前两种商圈后，剩余的顾客构成区域。

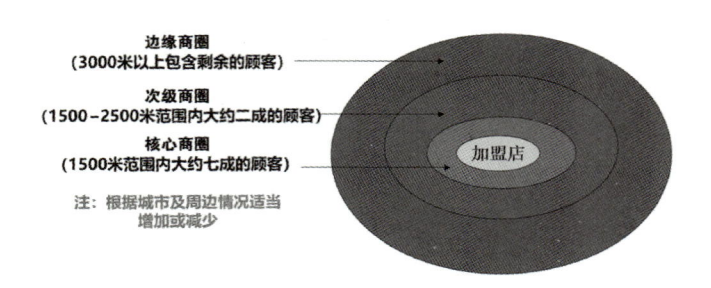

边缘商圈
（3000米以上包含剩余的顾客）
次级商圈
（1500—2500米范围内大约二成的顾客）
核心商圈
（1500米范围内大约七成的顾客）
加盟店
注：根据城市及周边情况适当增加或减少

(2) 商圈调查的意义

对商圈的分析与调查，可以帮助经营者明确哪些是本店的基本顾客群、哪些是潜在顾客群，力求在保持基本顾客群的同时，着力吸引潜在顾客群。

商圈调查可以帮助开店者了解预定门店坐落地点所在商圈的优缺点，从而确定其是否为最适合开店的商圈。在选择店址时，应在明确商圈范围、了解商圈内消费分布状况及市场、非市场因素的有关资料的基础上，进行经营效益的评估，衡量店址的使用价值，按照设计的基本原则，选出适宜的地点，使商圈、店址、经营条件协调融合，创造经营优势。

全面的商圈调查，可以使经营者了解餐厅位置的优劣及顾客的需求与偏好，让经营者依照调查资料订立明确的经营目标。通过商圈分析，制订市场开拓战略，不断延伸触角，扩大商圈范围，提高市场占有率。

案例：

肯德基的选址策略与商圈分析

肯德基的科学选址策略与商圈分析是其在中国市场能够成功的关键一步，是非常值得其他餐饮投资者借鉴的。

肯德基在进入某个城市的市场之前，首先要通过专业渠道收集该地区的各种资料，然后根据这些资料划分商圈。

商圈采取计分的方法，例如，该商圈内有一个大型商场，那么商场的营业额、周围可到达的交通线路等，都要记相应的分数。通过打分，可以把商圈划分成好几大类，以深圳为例，商圈的类型包括市级商业型、区级商业型、定点消费型，还有社区型、社区商务两用型、旅游型等，在商圈的选择上，既要考虑餐厅自身的市场定位，也要考虑商圈的稳定性和成熟度，肯德基的原则是一定要等到商圈成熟稳定后才进入，这样才能规避风险。

确定商圈之后，还要考察这个商圈内最主要的聚客点在哪里，肯德基的目标是"力争在最聚客的地方开店"。例如，重庆的解放碑地区是个成熟的商圈，在这个区域内，人们的流动方向如何，人们从地铁出来后通常往哪个方向走等，这些都要进行人流数量的实际测量，然后肯德基将采集来的数据输入专用的计算机软件进行分析，进而测算出能否在此地开店，投资额度多少最为合理等。

点评：

由此可见，肯德基的成功离不开其科学的商圈分析，以及以此为基础的选址策略。

（3）商圈分析与策略研究

投资并在分析某餐饮商圈时，应着重注意以下的基本情况和特点，提出应对的策略。

人口	收入	消费	环境	商店
人口数量	年平均收入	购买力（汽车、服饰、百货等）	交通状况	大型超市
年龄分布	高收入数据	人文特征	商圈规则	百货大厦
就业情况	低收入数据	消费习惯	商贸状况	便利店
教育程度	纳税数据	购买因素	住房状况	专卖店
流动人口数	存储数据	消费结构		折扣店
常驻人口数	收入增长趋势			电器城
人口结构				

第一，商圈的差异性。"十里不同风，百里不同俗"，这在餐饮消费区域的特征上表现得尤其突出，造成了不同商圈情况的千差万别。相同的餐饮产品组合在不同商圈的境遇可能有天壤之别。只有根据商圈特点设计好自己的经营特色，才能让自己的餐厅在商圈中站稳脚跟。

第二，餐饮消费需求的变化。"跟风"现象在各地餐饮市场都很普遍，大到餐饮业态，小到时兴菜式，只有率先洞察顾客的消费需求、及时抓住消费者消费心理的餐厅才会在激烈的市场竞争中抢占先机。

点评：

好的餐厅能在商圈内引导消费、培育市场、创造流行，如目前的西式快餐、韩国料理以及富有地方特色的民族餐饮等，此类餐厅往往会引领流行。

第三，餐饮消费的心理需求。顾客在餐饮消费上的普遍心态是"换口味"或"尝新"，这种"猎奇"的心态就造成商圈内某些餐厅的优秀策划方案在短期内即被完全释放，进而沦为"平庸"。只有与时俱进，不断开发新菜品、新口味、新模式，引领饮食潮流，满足顾客的潜在需求，才能长久发展。

第四，出品质量要求高。餐饮经营从原料采购、厨房生产到餐厅服务，环节众多且基本靠人工完成，任何一个环节出现问题，都有可能造成顾客用餐体验的下降，这对餐厅的品质监控与管理要求相当高。餐厅想要在市场竞争中，获得长期高品质的美誉，就要不断提高品质监控和配套管理手段，保持良好的竞争力。

第五，保持良好的口碑。餐厅经营具有极强的地域特点，餐厅面对的都是商圈内的顾客，要保持较高的顾客"回头率"是餐厅成功经营的关键。因此，要注意维护品牌对商圈的"号召力"，并让顾客通过良好的"用餐体验"来认同，使餐厅的口碑在商圈内自发传播。

第六，形成品牌。餐厅想要形成品牌只能通过加强产品质量、提升经营管理水平、塑造企业形象、完善对顾客的服务等途径展开，而这些途径具有可变性、不确定性和可控性差的特点。因此，餐厅想要形成品牌首先要练好"内功"，要经得起时间及市场的考验。

2. 不同餐厅，选址要求不一

餐厅有很多类型，不同类型的餐厅对选址的要求也有所不同。经营者要根据自己所开餐厅的类型来挑选适合的店址。

（1）连锁快餐店

连锁快餐店设有中央厨房，其销售过程是"原料—加工—配送—成品—销售"，比传统餐饮业多出了"配送"流程，因此其管理经营难度要高于传统餐饮业。

商圈选择：连锁快餐店适合选址在客流量较大的地区，如繁华商业街区、大型交通枢纽以及消费水平中等以上的市级商业区或繁华程度较高的社区型商业区。

立店条件：设立连锁快餐店须工商、消防、环保、食药监、治安等行政管理部门审批，距离污染源10米之内不得立店，相邻居民、企业或其他单位可提出立店异议。

建筑要求：此类餐厅建筑层高应不低于4.5米，电力供应不少于20千瓦/100平方米，有充足的自来水供应，有排放油、烟、气的通道，有污水排放、生化处理装置。餐厅位置在地下室、一楼、二楼或三楼均可，但忌同时分布数个楼面。

面积要求：连锁快餐店的面积最好以200—500平方米为宜。

案例：

快餐厅技术条件及要求（仅供参考）

- ◆ 建筑结构要求：层高不小于3米，厨房区域荷载不小于350千克；
- ◆ 楼层要求：1层或B1，或者1+B1，或者1+2层等，一层要有独立门头；

- ◆ 电力要求：150 千瓦；
- ◆ 给水要求：上水 DN50，下水 DN150；
- ◆ 燃气要求：每小时 35 立方米；
- ◆ 空调要求：350 大卡/平方米；
- ◆ 排烟要求：8 000 立方米/小时；
- ◆ 铺面要求：一层不小于 6 米；
- ◆ 招牌要求：有独立招牌，不小于 6 米；
- ◆ 停车场要求：无；
- ◆ 出入口要求：有独立出入口；
- ◆ 面积及租期要求：200—250 平方米，不少于 8 年。

（2）普通餐厅

商圈选择：普通餐厅分为商务型和大众型两种。商务型以商务聚餐为主，地址选在商务区或繁华街市附近；大众餐厅以家庭、个人消费者为主，选址在社区型或便利型商业街市。其中，火锅店是以大众消费为主的餐饮形式，其选址应在人口不少于 5 万人的居住区域或社区型、都市型商圈。

立店条件：开设普通餐厅须经消防、环保、食品卫生、治安等行政管理部门审批，方可颁照经营，周边邻居有异议而且无法被排除的也会成为立店障碍。餐厅必须离开污染源 10 米以上，对较大餐厅，消防部门会提出设置疏散通道的要求。另外要注意的是，餐厅门前有封闭交通隔离栏、高于 1.8 米的绿化以及直对大门的电线立杆均为选址之忌。

面积要求：大众型餐厅面积为 80—200 平方米为主，火锅店面积以 120—500 平方米为宜，商务型餐厅面积为 150—1 000 平方米均可。

建筑要求：此类餐厅多为个性化装饰、布置，各种建筑结构形式均适合开设普通餐厅，但减力墙或承重墙挡门、挡窗的布局除外。其中，火锅店的位置可以更随意，设在楼上亦可，其厨房面积可小于店面营业面积的 1/3。餐厅前须有相应的停车位，店内应具备厨房污水排放的生化处理装置以及排放油、烟、气的通道。

案例：

中餐厅技术条件及要求（仅供参考）

- 自来水：管径为 40 mm 的一根独立上水管及水表。提供水压稳定高于 3 kg/cm^2 的进水管。
- 厨房排水：排水管径 100 mm，接入排污系统。
- 电力供应：电量 250 KW（YJV4×185+1×95）。
- 空调：甲方提供空调服务，保证使用时间与乙方经营时间相符。保证乙方租赁区域内夏季空调管道入口温度，供水不高于 8 ℃，回水不高于 12 ℃，并满足乙方租赁区室温为夏天 23—27 ℃，冬天 18—22 ℃（以离地面 1.5 米测温为准）。如乙方要安装独立空调系统，甲方提供空调室外机放置区域，内、外机距离不超出 20 米。
- 排烟及补风：甲方提供乙方独立使用的排烟管道，排烟量为 12 000 m^3/h。甲方提供补风管道，补风量为排烟量的 80%。
- 卫生间：甲方提供管内径为 100 mm 以上的排污管。
- 燃气供应：甲方提供管径不小于 DN80 mm 的供气管路、流量为 80 Nmc/h、压力为 2 300 Pa。
- 停车场：在乙方店内消费的顾客的车辆，甲方需免费提供停车服务，不得收取顾客任何有关费用，如甲方物业停车位属于外包，可提供相关证明文件，同时甲方负责协调停车管理方为乙方顾客提供 3 个小时免费停车服务。
- 运货通道：甲方需提供免费的运营时进货路线、停车地点，甲方需满足乙方每日进货时间 9:00—24:00 及每月清理和盘点。
- 招牌：甲方需免费提供店招位置（方形、字母形 LOGO 各一），此位置为甲方向相关政府监管单位报备并通过审批的合法位置。如遇政府职能部门查处，由甲方负责承担所有费用，并负责解决摆放问题。
- 垃圾处理：甲方需免费提供我店运营时垃圾清倒地点。
- 其他：如甲方有物业管理费，则乙方不再另行支付中央空调费、垃圾清运、垃圾处理及门前三包费用。

（3）茶坊、酒吧、咖啡馆等

商圈选择：消费者进入茶坊、酒吧、咖啡馆的动机是休闲或进行非正式的轻松会谈，这类餐饮企业主要是以文化、情调、特色以及舒适和愉悦的体验来吸引消费者的。因此其选址地点具有清静、优雅的环境，消费对象具有一定的消费能力和文化修养。

立店条件：开设茶坊、酒吧、咖啡馆等须经消防、治安、食品卫生等行政管理部门审核同意后方可颁照经营，在噪声较大、有邻里投诉时，环保部门也会介入进行管理。

建筑要求：此类餐厅的布置和装饰通常要求个性化与艺术化，但对建筑结构无特殊要求，根据餐厅创意、设想而异即可。

案例：

茶餐厅技术条件及要求（仅供参考）

- 面积：300—350 平方米。
- 建筑结构：层高大于 3.3 米，楼板荷载不小于 300 kg/m²。
- 电力：提供 60 KW 电量，380 V/三相五线制，电缆选用 YJV4×150 mm+1×120 mm，主进开关 160 A，一路入户。
- 燃气：提供不小于每小时 16 立方米的天然气供应及计量设备。
- 自来水：DN50 上水管和计量表安装至承租区域内的指定位置。
- 排水：DN150 下水管到承租区域内，接入业主污水集中处理系统。

- 厨房排风：排风量 10 000 m³/h，接入业主排烟道集中净化处理系统。
- 厨房新风：业主提供新风系统处理过的新风，风口 560 mm×560 mm，新风量 8 000 m³/h，风口进入承租区域内。
- 餐区新风：业主提供新风系统处理过的新风进入承租区域内，风口 400 mm×400 mm，新风量约 3 000 m³/h，风口进入承租区域内。
- 空调：业主提供中央空调设施，冷量 350 Kcal/m².h，空调开启时间为 9:30 至 22:00，春夏秋冬季相同。
- 电话及网络：业主提供 2 门外线电话线路，提供 1 路有线电视接口及两路网络端口接至承租区域内。
- 消防：烟感报警及喷淋系统的改造后并入建筑物总系统内，以符合当地消防管理部门的规定并协助消防报建。
- 垃圾：业主提供有垃圾专用通道，集中处理。
- 招牌：提供效果图，业主同意使用位置及场地，有良好的可见度，招牌附近 8 米内无其他遮挡。除政府收费外，不再收取其他费用。
- 图纸：提供建筑物竣工图中之平面图、立面图、外立面图、消防系统图、顶面图、暖通图等电子文件。

3. 规范选址评估

店址选择是一项重大的、长期性的投资，餐厅的店址无论是租赁的或是长期性投资，都关系着企业的发展前途。因其具有长期性和固定性的特点，一经确定，就需要投入大量的资金去营建餐厅。当外部环境发生变化时，它不像人、财和物等经营要素那样可以随时做出相应的调整，所以要慎之又慎。

店址是餐厅确定经营目标和指定经营策略的重要依据，不同的地区有不同的社会环境、人口状况、地理环境、交通条件和市政规划等，它们分别制约着其所在地区的餐厅顾客来源及特点和餐厅对经营的商品、价格和促进销售活动的选择。

店址选择是否合适是影响餐厅经济效益的一个重要因素。企业的店址选择得当就意味着其享有"地利"优势。在同行业之间，如果在规模相当、菜品构成和经营服务水平基本相同的情况下，好店址必然享有较好的经济效益。

店址选择的评估，主要考虑交通条件和客流规律两个因素：

(1) 分析交通条件

道路类别是选址评估的第一要素，它直接影响着顾客的消费行为。道路根据用途可分为商业干道、交通干道、交通枢纽、连接干道。如北京王府井大街就是商业干道，它是批发、零售等各种商业活动往来的动脉。北京西单地区的西单北大街就兼具商业干道和交通干道的双重功能。

火车站和公交车站周边的道路主要起到交通枢纽的功能，而两个城市或区域之间的道路就是连接干道。对于餐厅选址评估来说，商业干道是最符合要求的道路类别，其次是靠近商业区的交通干道。

从企业经营的角度来看，对交通条件的评估主要有以下两个方面：

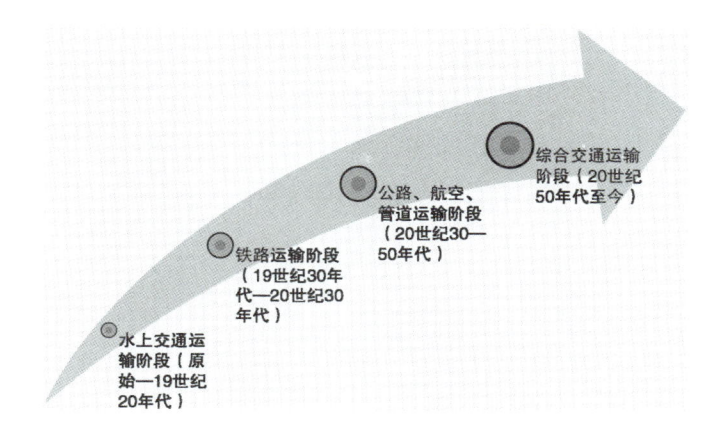

- 水上交通运输阶段（原始—19世纪20年代）
- 铁路运输阶段（19世纪30年代—20世纪30年代）
- 公路、航空、管道运输阶段（20世纪30—50年代）
- 综合交通运输阶段（20世纪50年代至今）

第一，在开设地点附近，是否有足够的停车场所可以利用。中国的停车场实际占地面积占城市规划中的比率比一些发达国家小很多。很多餐厅没有自己固定的停车位，大多数情况是停放在餐厅门前；即使餐厅周边有大型的停车场，也是与其他商家或企业共同使用的。这样就使得开车就餐的顾客在寻找停车位时产生了很多问题，造成餐厅大量客流的流失，给餐厅的经营造成不必要的麻烦。所以餐厅周边是否拥有足够的停车空间是餐厅选址评估中要特别注意的问题。

第二，餐厅的原料供应是否方便。这就要考虑可供餐厅利用的交通能否适应原料配送的需求，如果运输成本明显上升，经济效益就会受到较大影响。

为方便顾客就餐，促进上座率的提升，对交通状况做如下分析：

设在商业区的餐厅，要分析与商业区聚客点的距离和方向。一般距离越近，客流量越大，顾客就餐就越方便，进入餐厅就餐的比例就越高。

设在市内公共交通站点附近的餐厅，要分析交通站点的性质，是中途站、换乘站还是终始站，是主要停车站还是一般停车站。一般来说，交通枢纽或主要停车站客流量大，餐厅可以吸引的潜在顾客较多，中途站与终始站的客流量没有规律，有的中途站多于终始站，有的终始站多于中途站。

要充分收集餐厅周边的交通信息，同时分析交通状况对顾客就餐的方便性所引起的有利与不利条件，如单行线道路、禁止车辆通行道路、及与人行横道距离较远等情况都会造成顾客进入餐厅的不方便，进而影响顾客进入餐厅就餐。

（2）分析客流规律

根据顾客的消费行为，餐厅客流分为以下三种类型：

第一，自身客流：是指那些专门为到某餐厅就餐的顾客所形成的客流，这是餐厅客流的基础，是餐厅销售的主要来源，因此，新设餐厅在选址时，应着眼评估自身客流的大小及发展规模。

第二，分享客流：是指一家餐厅从邻近餐厅形成的客流中获得的客流，这种分享客流往往产生于品类互补的餐厅之间。在顾客多次品尝一种品类后就会希望更换口味，会选择另一品类餐厅就餐。

第三，派生客流：是指那些顺路进店的顾客所形成的客流，这些顾客并非专门来店就餐。在旅游点、交通枢纽和公共场所附近设立的餐厅利用的就是派生客流。

不同商圈的客流量可能相差不多，但顾客出行目的、行走速度和滞留时间各不相同，要先做具体分析，再做最佳地址选择。如在一些公共交通枢纽、车辆通行干道附近客流规模很大，但客流出行的目的不是就餐，同时客流速度快，滞留时间较短，所以用餐时间较长的品类不适于在此地开店。

同样一条街道，两侧的客流规模在很多情况下，由于受光照条件、公共场所和交通条件设施等影响会有较大差异。另外，人们骑车、步行或驾驶汽车都是靠右行驶，往往习惯光顾行驶方向右侧的餐厅，鉴于此，开设地点应尽可能地选择在客流较多的街道一侧。

选择餐厅开设地点还要分析街道特点与客流规模的关系。交叉路口客流集中，能见度高，是最佳开店地点；如果街道由于两端的交通条件不同或通向地区不同，客流主要来自街道一端，则表现为一端客流集中，纵深处逐渐减少的特征，这时候店址应设在客流集中的一端；还有些街道，中间路段客流规模大于两端，相应地，店址选择中间路段就更能招徕潜在顾客。

4. 把握选址要素

把握餐厅选址要素，以市场为依据。

餐饮企业选址、确立经营思路及开发产品和服务要建立在市场的基础上。因此，餐饮企业要以目标顾客为出发点考虑开设餐厅的位置、确定餐厅的规模和档次、明确所提供的产品内容和服务形式、设施设备的选择及购买，这些内容需要以方便顾客就餐为目的。

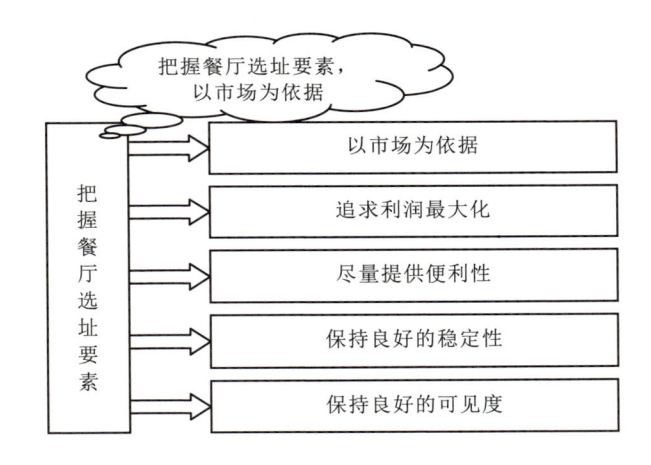

把握餐厅选址要素：
- 以市场为依据
- 追求利润最大化
- 尽量提供便利性
- 保持良好的稳定性
- 保持良好的可见度

（1）以市场为依据

选择地址要尽量贴近目标顾客所在的地区。

案例：

以经营快餐为主的餐厅应该选择客流量较大的商业购物区、居民住宅区、主要交通干道、大中专院校附近等场所；具备雅致环境、精美菜肴及讲究精致服务和用具的档次较高的餐厅，应该开在高档住宅区、高档写字楼和金融机构等所在区域、政府机构附近，主要针对的客源市场是商务宴请、正规的社交活动及一些高收入者。

点评：

餐厅的选址要尽量给顾客以方便，使开店位置与目标顾客所在位置尽可能地近一些，并且有较强的可进入性。

好店址具备以下条件：

- 商业活动频度高的地区：商业活动极为频繁，把餐厅设在这样的地区，餐厅的营业收入必然较高。这样的店址就是所谓的"寸金之地"。相反，如果在非闹市区，在一些冷僻的街道开设餐厅，人迹罕至，营业收入就很难提高。

- 人口密度高的地区：居民聚居、人口集中的地方是适宜开餐厅的地方。在人口集中的地方，人们有着各种饮食需求。如果餐厅能设在这样的地方，致力于满足人们不同的饮食需求，那就会有做不完的生意。而且，由于在这样的地方，顾客的需求比较稳定，营业收入不会有大的起伏，可以保证餐厅营业收入的稳定。

- 客流量最多的街道：因为餐厅处在客流量最多的街道上，受客流量和通行速度影响最大，应考虑客流的停留时间、客流方向等因素。

- 交通枢纽：客流量最多的地方在车站、机场，或者市内交通枢纽的附近。其可以在顾客步行不超过15分钟的路程内开店。

- 人群聚集的场所：剧院、电影院、公园等娱乐场所附近，或者大型企业、机关附近。一般人流较大的地方才会出现餐饮一条街。

- 同类餐厅聚集的街区：大量事实证明，对于那些经营规模、档次相同、品类互补的餐厅来说，若能集中在某一个地段或街区，则更能招徕顾客。因为经营的种类繁多，顾客在这里可以有更多的机会进行比较和选择。

（2）追求利润最大化

绝大多数的餐厅投资者的最终目的都是追逐利润，并且希望收回投资的时间越短越好，尽可能地降低投资风险。因此餐厅选址时要考虑的经济因素有很多，包括租金、租期、装修档次、设施设备的选择和采购以及后期的使用费用、人员成本、原料及供应成本和各种税费等，这些因素都能够影响餐厅的经营成本及利润。根据餐厅预估的销售收入及这些费用预测出餐厅可能获取的利润，并分析餐厅经营过程中可能出现的各种问题。

如今餐饮行业竞争如此激烈，消费者消费越来越理性，国家严格控制公款消费使得公款消费的比例逐渐减少，消费金额较少的家庭餐饮消费比例不断扩大，这些因素拉长了餐饮投资的回收期。投资回收期的延长，要求餐厅在选址时更加慎重考虑和测算投资回收期，充分预测各类重大经济事件的发展趋势及这些事件对餐厅经营业绩可能产生的影响，保证选址工作能够尽可能地为获取经营利润打下良好的基础。

（3）尽量提供便利性

便利性表现在很多方面：

- 方便顾客前来就餐。因此，餐厅选址的最佳位置往往是交通便利的购物区域、办公区、居民区以及交通枢纽、公园、游乐场所等人流比较集中的地方。餐厅选址要根据人群的流动特点和停留特点进行选择。

- 方便顾客停车。随着我国居民生活水平逐渐提高，人们的汽车拥有量越来越大，因此停车场是餐厅必要的设施，餐厅的选址应该考虑到有充足的空间来为顾客提供停车场所，这是目前提高餐厅竞争力的一项有力措施。

- 方便的公共交通。餐厅周围有便捷的通行道路，方便人们出行的公共交通，没有过多的交通限制和交通障碍物，能够使顾客使用交通工具方便地抵达餐厅。

（4）保持良好的稳定性

餐厅想要获得良好的稳定性，首先，是经济的稳定发展和社会秩序的安定，因此经济和社会治安比较稳定的区域是选址时首要考虑的因素，只有这样，当地居民才能有足够的收入来进行餐饮消费活动；其次，所选场地的"安全性"也是稳定性的一种表现，关键在于所选的地点在预期的营业期内不能因城市基础设施的扩建、改造而受到影响。

另外，场地周围环境可能发生的变化，会对餐厅日后的生意产生重大的影响。

（5）保持良好的可见度

餐厅是服务型企业，它直接接触消费者，想要吸引顾客来就餐必须保证餐厅处在一个显眼的位置。衡量餐厅可见度高低的标准包括，看到餐厅方向的数量、招牌的大小、安装高度、颜色对比、明亮程度、清洁程度等。看到餐厅方向的数量越多，可见度越高，同理，招牌尺寸越大、安装高度越高、颜色与周围环境颜色的反差越大、明亮程度越高、清洁度越高，则餐厅的可见度越高。

拓展阅读：

一般情况下，可见度高的位置就是从街道可以直接看到餐厅的门面，或者门面直接面对街道。不显眼的餐厅或者被某些障碍物遮挡的餐厅，应该设立一些明显的标志，通过各种指示性招牌或标志来弥补可见度不足的缺陷。

5. 降低选址成本

对于餐厅选址而言，能选到好址的就是好法则，能以低成本选到好址的则是上上法则。下面就为读者介绍几个低成本选址的妙法。

```
                    ┌─────────────────────┐
                    │ 能以低成本选到好址   │
                    │   的则是上上法则     │
                    └─────────────────────┘
                              │
      ┌──┐    ┌──────────────────────┐
      │低│───▶│   跟随同业态的榜样    │
      │成│    └──────────────────────┘
      │本│    ┌──────────────────────┐
      │选│───▶│   跟随业态互补者      │
      │址│    └──────────────────────┘
      │的│    ┌──────────────────────┐
      │妙│───▶│   搭便车式选址        │
      │法│    └──────────────────────┘
      └──┘    ┌──────────────────────┐
           ───▶│   自主扫街考察        │
              └──────────────────────┘
```

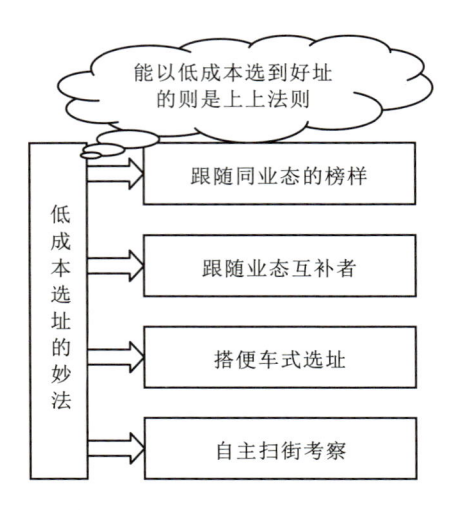

第一，跟随同业态的榜样。这个方法很简单，跟着你的同业态竞争者，在其店址附近的一定区域内选址。

案例：

深圳面点王董事长曾说："在深圳有 50 家麦当劳、45 家肯德基，面点王现在是 30 家，有 20 多家面点王与洋快餐相邻或对垒。哪里有肯德基、麦当劳，哪里就有面点王。

"与洋快餐相邻相对开店，并不仅仅是为了竞争。肯德基、麦当劳选址考察论证科学细致，周围环境、人口密度、人口结构、道路交通、建筑设施等都（会做）定量分析……跟着它们，准没错。"

第二，跟随业态互补者。有些业态餐厅与你要开的餐厅在经营、服务内容上是互补的，你就可以把店开在它旁边，为顾客带来完整的"一条龙"服务。

案例：

比如在体育场内及旁边，前来运动的人们存在其他需求，你可以提供餐饮、运动服装零售、便利店或咖啡茶饮等。又如在旅游景点旁边，你可以开设餐饮、便利店、手机充电服务、纪念品零售店等。

第三，搭便车式选址。如果你有很强的交际能力或有一定的人脉关系，可以与和你业务有密切联系的商家结成战略合作伙伴关系，不仅选址成本更小，店址还有保障。

第四，自主扫街考察。简而言之，就是你自己亲自或派人实地考察，现场发现可用店址的机会。对所有的备选店址分别评估、谈判，直至最终签约。由于好的店址通常会有许多竞争者在抢，因此你可以同时看房和谈判，保证第一时间得到好店址。

6. 店址选择，注意细节

选择餐厅地址的一般流程是这样进行的：

- 首先，选择区域、方位。选择店址，先要找出目标市场、找准服务对象，然后再根据目标市场、服务对象选择店址设置的区域。另一方面，要根据企业的经营规模和档次，测算企业投资回报率，在此基础上认真加以选择，确定方位。
- 其次，制图并找出最佳位置。在确定店址后，应绘制出该区域的简图，并标出该地区现有的商业网点，包括竞争对手和互补商场，还应标出现有商业结构、客流集中地段、客流量和客流走向、交通路线等，以保证店址决策的正确性。
- 再次，市场调查。在确定店址基本区域方位后，必须进行周密的市场调查，论证选址决策的准确性。在市场调查过程中，我们应注意将调查对象分类统计，并对调查时间和内容进行必要的抽样调查，以保证调查资料的可靠性。

◆ 最后,具体实施方案的制订和落实。在确定店址的具体位置后,我们需要抓紧时间落实。如何启动则需要拟定切实可行的实施方案并加以贯彻落实。

在餐厅选址流程中,经营者在为餐厅选址时,还应考虑以下一些细节:

(1)街道类型

餐厅备选地址所在街道是主干道还是支道、人行道与街道是否有隔离、道路宽窄如何、过往车辆的类型以及停车设施有哪些等。

(2)地价因素

虽然一个店址可能拥有很多令人满意的因素,但是该区域的地价也是经营者不可忽视的一个重要因素。

(3)选择人口增加较快的地方

企业、居民区和市政的发展,会给餐厅带来较多的顾客,并使其在经营上更具发展潜力。

(4)选择较少横街或障碍物的一边

许多时候,行人会因要过马路而集中精力去躲避车辆或其他来往行人,而忽略了一旁的餐厅。因此,经营者要考虑餐厅在街道中的位置。

(5)选取自发形成某类市场的地段

在长期的经营中,某区域会自发形成销售某类商品的"集中市场",事实证明,对那些开设在经营耐用品区域的餐厅来说,若能集中在某一个地段或街区,则更能招徕顾客。因为人们一想到购买某商品就会自然而然地想起这个地方。

(6)以经营内容为根据

餐厅所经营的产品不一样,其对店址的要求也不同。有的餐厅要求开在人流量大的地方,如快餐店。但并不是所有的餐厅都适合开在人山人海的地方,例如,主题餐厅就适宜开在安静或有特色的地方。

（7）借势的意识

把餐厅开在著名连锁店或品牌店附近，甚至可以开在它的旁边，与超市、商厦、饭店、24小时药店、茶艺馆、酒吧、学校、银行、邮局、洗衣店、冲印店、社区服务中心、社区文化体育活动中心等集客力较强的品牌门店和公共场所相邻。

案例：

例如，将餐厅开在麦当劳、肯德基的周围。因为这些著名的洋快餐店在选择店址前已做过大量细致的市场调研，挨着它们开店，不仅可省去考察场地的时间和精力，还可以借助它们的品牌效应"捡"些顾客。

（8）停车条件

由于私家车的普及，越来越多的人会选择自驾车前来用餐。因此，经营者在选址时，一定要尽量留有足够的车位，这样才可以吸引更多的顾客。

（9）可见度

可见度是指餐厅位置的明显程度。经营者在为餐厅选址时要考虑顾客是否能从更多角度获得对餐厅的感知。餐厅可见度是根据各地驾车或徒步行走的习惯进行评估的。餐厅的可见度直接影响餐厅对顾客的吸引力。

案例：

留心更多细节

小王准备接手一家才经营了几个月的店面。这个店面的装修风格、店内设施等都很符合他的要求，周围的环境也很适合开店：餐厅云集、商业繁荣、客源充足、企事业单位林立。

如果接手这家店面，小王可以节约一大笔开销（如装修费用、购买设施费用等）。但是这么好的地点，为什么原店主开业不久就要转手呢？

为了稳妥，小王对这个地点进行了调查：原来这个店面的房子太矮，在周围的高楼大厦间很不起眼，从各个方向走向餐厅都很难被顾客发现，可见度很差，影响了餐厅的客流量。

☕ 点评：

如果经营者把握不准所选地址是否真正适合自己投资经营餐厅，可制作评估表事先对其进行评估。

7. 备选店地址，大"考察"

妥善选择开店地点决定了餐厅的未来前途，因此，在开业前经营者就应对未来餐厅的发展做到心中有数，对候选地址做好考察工作。

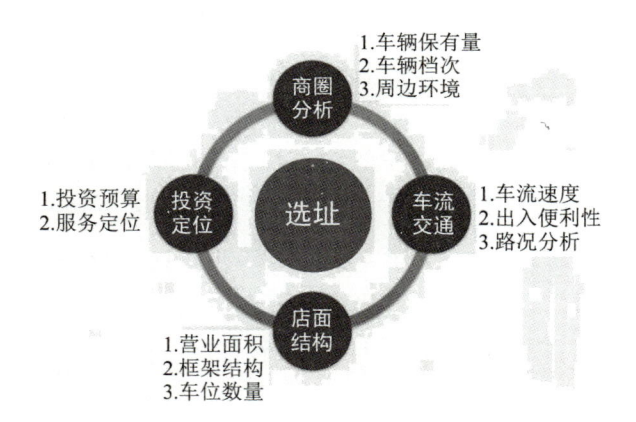

```
                    1.车辆保有量
              商圈   2.车辆档次
              分析   3.周边环境

1.投资预算   投资              车流   1.车流速度
2.服务定位   定位    选址      交通   2.出入便利性
                                      3.路况分析

              店面
              结构
              1.营业面积
              2.框架结构
              3.车位数量
```

（1）城市规划

在选择餐厅开设地点时，对城市建设规划进行分析评估十分必要。城市规划可以反映宏观大环境，包括短期规划和长期规划。因此，餐厅投资者必须从长远考虑，在了解地区内交通、街道、市政、绿化、公共设施、住宅及其他建设或改造项目规划的前提下，做出最佳地点的选择。

点评：

有些地点当前来看是最佳位置，但随着城市改造和发展将会出现新的变化而不适合开店；相反，有些地点从当前来看并不是理想的开设地点，但从规划前景来看会成为有发展前途的新商业中心区。

（2）市场调查

餐厅经营者在选址前应做好市场调查，并将其整理成调查报告，为选择一处好的经营地段提供参考。

（3）顾客调查

- 首先，消费者外出就餐倾向调查。通过对备选地址附近学校或各种团体成员进行调查，可以发掘出该地区的商机，调查可以抽样方式进行，采用邮寄方式或直接访问均可。主要调查项目包括受访者的居住地点、家庭结构、成员年龄、职业、工作地点、外出就餐倾向等。

- 其次，逛街者就餐意向调查。对餐厅备选地址附近行人进行抽样调查，或是对餐厅主要顾客（如年轻人）进行调查。依一定时间段对行人直接访问，时间以5分钟为佳。主要调查项目包括受访者的居住地点、年龄、职业、逛街目的、常用交通工具、逛街频率、就餐意向等。

- 再次，顾客流动量调查。对餐厅备选地址附近的人流量进行调查，作为确定餐厅经营方式的参考。该调查可与逛街者就餐意向调查并行，并依时间、性别加以区分。

- 最后，竞争对手调查。在顾客调查完成后，餐厅经营者还需对餐厅所处商圈内现有竞争对手与潜在竞争对手进行调查。

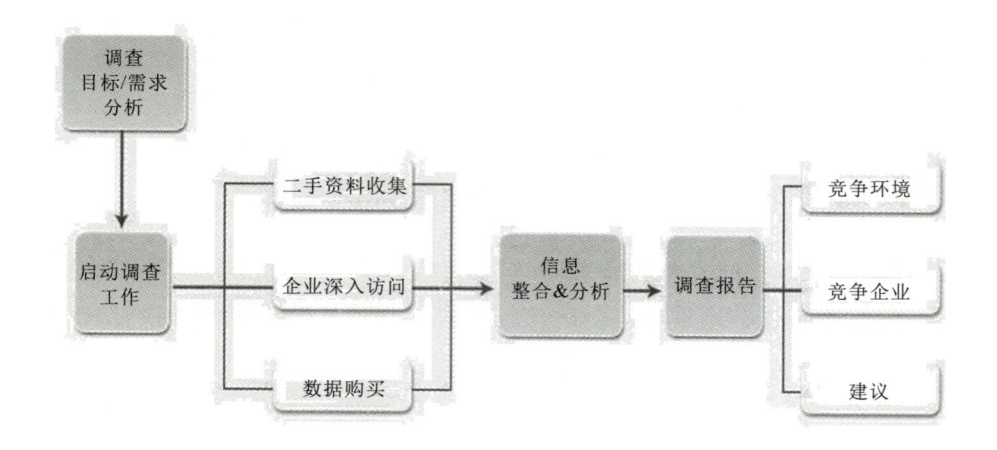

```
[调查目标/需求分析] → [启动调查工作] → [二手资料收集]
                                  → [企业深入访问] → [信息整合&分析] → [调查报告] → [竞争环境]
                                  → [数据购买]                                    → [竞争企业]
                                                                                  → [建议]
```

拓展阅读：

麦当劳布点的五大秘诀

如何选址布点既经济又让顾客感觉随处可见，随手买得到呢？我们来看全球快餐业的"巨无霸"——麦当劳是怎么开连锁店的。

麦当劳中国东部地区总裁施文哲说："麦当劳之所以开一家火一家，究其原因：第一是地点，第二是地点，第三还是地点。"

麦当劳的布点，有五个方面值得我们借鉴。

第一，针对目标消费群。麦当劳的目标消费群是年轻人、儿童和家庭成员。所以在布点上，一是选择人潮涌动的地方，二是在年轻人和儿童经常出没的地方布点。

如何区分不同层次的消费者？

- Segmentation 用户分群
- BI & Reporting 商业智能和报表分析
- Research 数字调研

Insights 消费者洞察

- Ad Effectiveness 视频营销效果
- Media Mix 媒介规划
- Creative Testing 创意测试

Measurement 营销效果评估

Targeting 目标用户定位

- Modeling 模型分析
- Customer Value 客户价值分析
- Forecasts 营销预测

第二，着眼于今天和明天。麦当劳布点的一大原则是一定20年不变。所以对每个点的开设，都通过3—6个月的考察后再做决策评估。重点考察是否与城市规划发展相符合，是否会出现市政动迁和周围人口动迁，是否会进入城市规划中的红线范围。进入红线的，坚决不碰；老化的商圈，坚决不设点。有发展前途的商街和商圈、新开辟的学院区、住宅区是布点考虑地区。纯住宅区则往往不设点，因为纯住宅区居民消费的时间有限。

第三，讲究醒目。麦当劳布点都选择一楼的店堂，透过落地玻璃橱窗，让路人感知麦当劳的餐饮文化氛围，体现其经营宗旨——方便、安全、物有所值。由于布点醒目，便于顾客寻找，所以吸引人。

第四，不急于求成。黄金地段黄金市口，业主往往要价很高。当要价超过投资者的心理价位时，麦当劳不急于求成，而是先发展其他地方的布点。通过别的网点的成功，让"高价"路段的房主、业主感到麦当劳的引进有助于提高自己的身价，于是再谈价格，重新布点。

第五，优势互动。麦当劳开"店中店"选择的"东家"不少是品牌声誉较高的，如家乐福、百盛购物中心、上海广场和时代广场等。知名百货店为麦当劳带来客源，麦当劳又吸引年轻人逛商店，起到了优势互补的作用。

第三章

餐饮装修——营造最美用餐体验

餐厅好比一个舞台，是经营者、顾客与服务员所共同活动的场所，而搭配他们活动的就是餐饮。当一出戏上演时，如果舞台的设计能与演员、道具达到相得益彰的效果，必然是一出叫好又叫座的戏。这是餐厅配置与规划的"原点"，我们必须从原点抓起，检查餐厅形象与布局这一舞台设计是否能满足戏与演员的需求。

1. 餐饮设计美学

网上有这样一个小段子：

红娘："不要那么肤浅好不好，人家姑娘有内在。容颜易老，美不是永恒的。"

小伙："美不是永恒的，但丑是。"

美学是一门审美的学问。爱美之心，人皆有之。

同样，在餐饮界，如何审美？当下，当场景已经成为重构人与商业连接的重要手段时，你要如何做到让顾客一见倾心？作为一家有竞争力的餐厅，你的"美丽竞争力"在哪里？

拓展阅读：

餐厅美学三大基因——聚焦、完整、被感知。

聚焦
一个核心理念

完整
所有元素不是孤立存在

被感知
能触发受众的综合感官

聚焦：不要做了这个想那个，什么都想要。这很危险，会倒掉。

完整：不要流行什么抓什么，围绕你的人群定位全方位表达。

被感知：如果顾客没有反应的话说明你做的东西不是很完整。

（1）空间之美——因地制宜，因人而异

以设计著称的宴遇餐厅老板傅乙晟，他对美有一种死磕的精神："我们要么成为他们炫耀的素材，要么成为他们吐槽的对象。"

案例：

这样的画风有没有让你眼前一亮？这家店的主题叫"海洋公主风"。

这家店是专为"公主梦"设计的。事实也证明，小女孩们非常喜欢，进去有一种梦幻的感觉。

（2）产品之美——不要只用舌头说话

57度湘是餐饮业的"鸳鸯蝴蝶派"，以多元的场景设计，构建了多个具有高识别度的餐饮品牌。

根据土家族的特点,"吃饭皇帝大"梳理出了太阳味、山泉味、火焰味、吊锅味、阿婆味,分别用五种颜色来呈现。同时,赋予颜色以健康理念:白入肠、绿入肝、红入心……

案例:

猪猪包会流鼻涕,盆景是亚克力的盒子,种的草也是能吃的:

让菜品"好玩":用脑洞大开的创意,让每一道菜都不只是"饱腹"那么简单,同样的食材,从视觉和形式上带给顾客惊喜。

让菜品"有文化":当你赋予一道菜一个故事、一个理念,你的产品便得到美的升华。

(3) 服务之美——论仪式感的重要性

餐厅的美学设计,仪式感显得尤为重要。仪式感是人们表达内心情感最直接的方式,仪式感无处不在。

中国人向来是注重"仪式感"的,生活中,处处都有仪式感:

为什么结婚一定要买钻戒?(承诺)

为什么过生日要吃蛋糕?(愿望)

为什么过年要放鞭炮?(年味)

……

同样，没有仪式感的生活是乏味的，没有仪式感的餐厅也是无趣的。我们在与顾客接触当中，让顾客有仪式感非常重要。为此，从传统中餐门口的保安敬礼，到迎宾，到上菜，每个环节，都可以让顾客找到很多乐趣。

案例：

小猪猪的"门迎"：能够把仪式感传递给顾客，那么你这的餐厅是有生命热度的，是能够感召人的。

如果没有这些"形式感"的乐趣，吃饭就只是为了填饱肚子，那么你的餐厅吸引力何在呢？

人无我有，人有我做得特别，这样才能给顾客留下深刻的印象。

2. 餐饮旺店设计的 5 个细节

什么是餐饮旺店的颜值？

这里的值，是"色"和"香"，是一种气，用气来构成"场"，形成气场！气场就是感觉，就是影响力。颜值往小讲是视觉，往大讲就是影响力。这是品牌的一种表达方式，包括 LOGO、名片、门头、装修、隔断、餐桌、墙绘、员工服装、表情、微博段子、微信公众平台，从空间到平面，从装饰到服装系统化。

为什么要系统化？就是造场，制造一个氛围让你融入。餐厅就是一个场。气场分两个部分"气+场"。所有能看见、能听见、能摸到的都是"气"，装修、VI、文案、LOGO、名字、门头等，"气"做得越仔细，"场"的感觉就越到位。

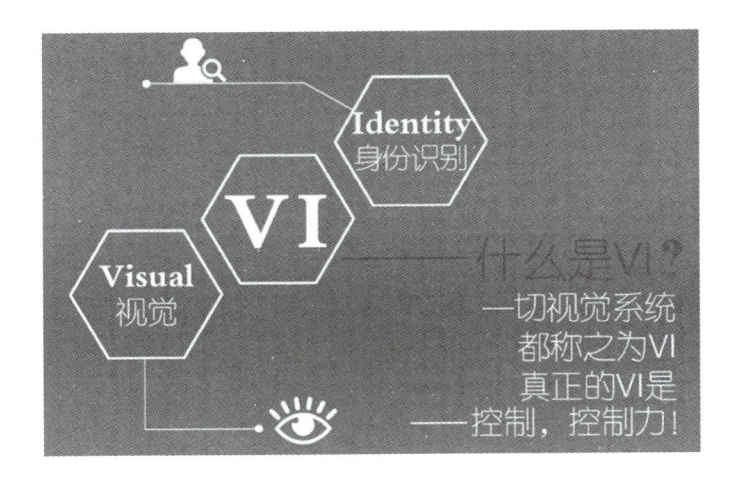

视觉形象依托于品牌，品牌用来沟通。所谓的颜值、视觉，实际上都是品牌的语言体系。

读图时代，竞争从视觉开始！

（1）细节1：一个好的LOGO

LOGO 是品牌的沟通符号，企业要让人看到它就喜欢，想去了解并爱上它，要用图形化的语言去表现品牌的唯一性、相关性，增强视觉竞争力。

案例：

没进过肯德基的人或许有，但没听过或没见过肯德基的人估计不多，街上随处可见的肯德基 LOGO 让人印象深刻，特别是时刻微笑、亲切随和的上校老人更是让人过目不忘。

肯德基能经历半个世纪还经久不衰，这与管理者认同餐厅 LOGO 视觉传达的重要性有很大的关系。肯德基用色彩鲜明、构图简洁明了及贴近人心的设计一下抓住顾客的心，时时刻刻提醒顾客对该餐厅 LOGO 的记忆，让顾客想用餐时能立刻喊出："去 KFC。"

甚至"KFC"一度成为百度热搜词，众多眼花缭乱的餐厅 LOGO 中，唯独肯德基的标志特别容易让人一眼就分辨出，这完全取决于该 LOGO 设计的独特、有个性，这就是肯德基最值得商家借鉴之处。

我们说要树立卖场形象，第一个关键就是设计一个独特的 LOGO。

餐厅虽小，但若五脏俱全，能让顾客认定你的餐厅是有一定实力的，比如说设计一个个性新颖的 LOGO 就是一个不错的方法。设计餐厅 LOGO 时，应注意以下几个方面：

◆ 设计餐厅形象统一的 LOGO 标志。设计一个统一形象的餐厅标志，可以使你的餐厅有整体感，同时要把 LOGO 运用到餐厅日常工作中经常会用到的物件上，比如包装纸、餐厅墙壁展示台或名片上，这么推广，餐厅的销量一定比没用之前好上许多。

◆ 餐厅 LOGO 必须切合产品主题。确定你的餐厅主打什么产品或以什么风格为主营，这对餐厅 LOGO 设计十分重要。要让标志的设计充分展现餐厅的经营业务，或是店主对于该店所寄予了何种销售理念，传达充分贴切了，才能让顾客理解你的 LOGO 设计为何而设。只有这样，才能让你的餐厅跟随 LOGO 深入人心而日渐走上大众品牌之路。

◆ 时刻记住 LOGO 是餐厅的身份证明。拥有一个成功的餐厅 LOGO 是有效区别于其他餐厅的特别身份证明，所以设计时一定要记住彰显自己餐厅的特点才是重中之重，也是餐厅鹤立鸡群的最佳途径。

◆ LOGO 设计以简明易记为最佳。标志设计的目的就是让顾客能记住餐厅，提高顾客对该餐厅的认知程度。这就决定了 LOGO 的设计必须色彩鲜明且简单美观，这样有助于刻进顾客的心中，就算是惊鸿一瞥也能让顾客记忆深刻，难以忘怀。

（2）细节2：一个不错的名字

店名是将经营者的餐厅区别于其他餐厅的首要特点，它代表了一个餐厅的形象。好店名也更利于餐厅品牌的推广。好的店名有利于为餐厅打开销路，产生"名牌效应"。如果店内的餐品、饮品好但店名不够响亮，不能给顾客留下深刻的印象，就会影响餐厅声誉的传播。顾客普遍有这样一种心理：凡是名字好听的餐厅，其产品也会不错。

餐厅起名的方法如下：

第一，以吉庆、美好、典雅的词汇命名，通过对人们的美好祝愿来吸引顾客。如"吉祥"餐厅、"好运来"酒家、"状元楼"饭店、"乐惠"餐厅、"梦圆"茶座等。

第二，以姓氏命名，如谭家鱼头、羊蝎子李、王嫂啤酒鱼、李二娃大碗菜等。这些餐厅共同的特点就是不但店主"自报了家名"，店名还体现了餐厅经营的具体内容。例如，"李二娃大碗菜"一听就知店主李二娃所经营的是货真价实的湖南菜。

第三，以地理位置命名。让顾客了解其地理位置，顾客在就餐时更容易找到，如"幸福大街8号"餐厅。

第四，以风味特色设计起名。如供应老北京面食的"老北京炸酱面大王"，供应正宗川菜的"正宗成都火锅城""菜根香素菜馆"等。

第五，以数字或字母起名。一些经营者偏好数字或字母，如"一品茶堂""两义轩""四海酒家"等。

（3）细节3：一个大家都喜欢的吉祥物

在国外用吉祥物占领市场的比比皆是，麦当劳、米老鼠、哆啦A梦等，而在中国，品牌的第二LOGO"吉祥物"却被很多餐饮企业忽视了！

为什么要吉祥物？

老板和员工会老去、会离开，明星代言会过气，还请不起，可是吉祥物不会有这些烦恼——成本最低的代言人。

（4）细节4：餐饮标准色

符号、标准字、颜色，这三个要素哪个最重要？

强大的品牌都有超强的品牌色彩管理能力。色彩可以让你的顾客辨别到气场的存在，帮你控制眼球的方向。

色彩代表品牌的性格。

餐饮行业中使用标准色也是连锁品牌制胜的重要工具，这就是标准色给品牌的影响。

（5）细节5：一个好的门头

门头就是广告、是路标。门头是品牌的视觉输出，是品牌的文化，也是传播产品信息的渠道。

门头是品牌的路标。

门头能帮你招徕顾客，帮你树立信任感，帮你传达产品属性，帮你引流进店提升营业额。好的门头让你有存在感，提升进店率，进而提高营业额。

好的门头具有以下特点：有很好的识别性，让人很容易看见，醒目度要高；让人觉得安心；能传达门店产品的属性和价格定位。

3. 招牌设计

招牌是宣传餐厅风味、位置、特色的重要手段。一个好的店名能为餐厅赢得八方来客，而一个好的招牌也能为餐厅锦上添花。因此，设计一个好的招牌势在必行。

（1）招牌的形式

餐厅的招牌通常采用直立式。除竖长方形外，其余形式的招牌一般都设置在餐厅门面的正上方，与门头有机地结为一体；竖长方形的招牌则常根据餐厅的建筑结构设置于餐厅的一侧或借用上层建筑物设置。

（2）招牌的制作方式

- 适光材料灯箱。这种灯箱使用灯箱布、透光板等专用的透光材料做面板，使用金属材料做框架，用日光灯做光源，有造价低、制作和施工简便、易维护等优点，但也有易褪色、缺乏变化和动感不足的缺点。

- 字型灯箱。这种招牌使用有机玻璃做面板，按照店招字形每个字制作一个灯箱。有机玻璃常用的颜色以红色、橙色居多，因为这两种颜色会促进人的食欲，不仅在白天比较美观，而且这两种颜色的光波穿透力强、传播远，在夜间的效果更佳。字型灯箱的缺点是其所反映的内容受到限制，所以多竖立在餐厅门面的最高处。

- 霓虹灯。使用霓虹灯管做光源，将其制作成各种文字、图案，并可通过控制器按一定的规律变化，是夜间效果最好的招牌形式。但其缺点是制作费用较高，灯管的寿命较短，耗电量大，维护、运营费用相当高，且霓虹灯夜间效果好，在白天并不明显。

- 串灯。串灯又称满天星、瀑布灯，专门用于烘托门面的夜间气氛，餐厅在夏天开办门前夜市时又可以将其用于照明。串灯在设置时比较灵活,可沿屋顶、墙壁设置,也可如搭凉棚般制作亮光棚顶。串灯的价格便宜但寿命较短。

◆ 灯笼。"大红灯笼高高挂"可以营造出餐厅祥和、喜庆、热烈、隆重的气氛。灯笼既可做店面装饰用,又可起到照明的作用,但需要经常清理尘土,定时维护和更换。

(3) 招牌的内容设计

招牌有日间效果和夜间效果,有些餐厅设计的招牌日间和夜间效果基本相同,也有些餐厅会为招牌设计完全不同的日、夜间效果。

招牌的传统模式都是以汉字为主,还可以根据需要适当增加民族文字、汉语拼音、外文等。文字内容除餐厅名称外,可适当增加宣传餐厅风味、特点的内容,但要注意言简意赅,如"正宗麻辣烫""陕西面皮""内设雅座""工薪价格""时令海鲜""新派菜"等。

招牌的图案包括抽象的图形和写真图案:抽象的图形可以是店标,也可以是和餐饮有关的图形、照片等写真图案经过计算机处理后做成的精美招牌,也是独具时代魅力的招牌形式。

招牌一般都采用多种颜色的组合,因此要注意色彩搭配。以表现主题为目的的色调或选择与餐厅的主色调保持一致,都是选择颜色的理想方法。

招牌的结构设计主要考虑尺寸、外形、材料、安装位置和可靠性等,同时足够的抗风能力也是设计时需要考虑的重要因素。

　　经营者在设计餐厅招牌内容的时候,一定要注意以下几个方面:文字内容必须与本餐厅经营的产品相符;内容精简,立意深,并易于辨认和记忆;美术字和书法字要注意大众化,中文及外文美术字的变形不宜太过花哨。

　　招牌的字形、大小、凹凸、色彩应统一协调、美观大方。招牌悬挂的位置要适当,要让人容易看到。另外,设计时要考虑招牌的尺寸、外形、材料及抗风能力。

4. 海报设计

　　一张好的餐饮海报就像是一位尽忠职守、默默奉献但又不计报酬的优秀推销员,只要善加运用,就可以让它清楚而完整地传达出每位顾客所需产品的诸多信息,如菜品特点、销售价格、食用方法等。

另外，海报广告的操作更加方便。餐厅的海报广告可以根据需要以悬挂、堆放、粘贴、放置走道旁或经营场所的任何地点进行陈列展示，但不管采用的是何种形式或技巧，海报广告永远能向消费大众最直接地传达出或高品位、或物美价廉菜品的信息：就是这里！就是现在！吃它吧！

案例：

最近国内最大米面速冻食品供应商千味央厨，作为连续15年为肯德基、必胜客提供油条、蛋的最高级别供应商，也顺势跨界推出了"数字化+黑科技+工业风"的"向行业研发致敬"系列新版海报。

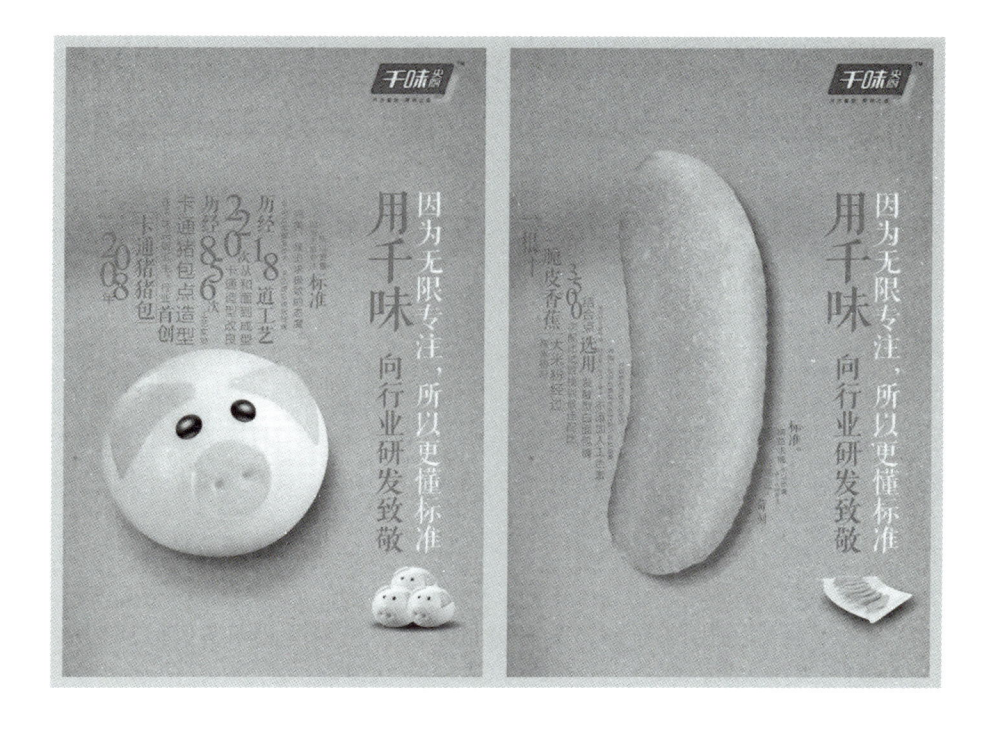

通过这一系列"向行业研发致敬"的匠心派系列海报，把一个供应链企业对"研发创新+严谨匠心"工业精神的追求表达得淋漓尽致。

这种设计让人们可以明白一个个明星级畅销单品背后真正的秘诀到底是什么，也让更多餐饮企业意识到，跟百胜 T1（最高级）供应商千味央厨合作的价值所在。

为什么越来越多的餐饮企业和供应链企业开始借鉴手机行业的海报设计？这背后到底蕴含着怎样的商业逻辑和传播亮点呢？

（1）迎合流行文化

手机作为最具引领潮流特质的快消品，用户大部分是年轻人。所以，营销手段也紧跟时代趋势，二次元、娱乐化等是其特征。比如苹果、华为、小米等厂商用年轻品宣团队做创意设计，用"黑科技"海报广告轰炸存在感，搞一场场粉丝互动活动。

据了解，包括卫龙、肯德基、千味央厨在内的创意制作和市场推广团队，也都是具有强烈互联网基因的年轻人，让年轻人去引领年轻人，"娱乐化+科技范"的表达效果更佳。

（2）践行产品主义

手机行业对"黑科技+精品设计"的追求（比如苹果 4S 代表的工业设计经典，比如小米 MDX 概念手机由著名设计师菲利普·斯塔克操刀）与餐饮追求的产品主义浪潮不谋而合，所以，餐饮业也逐渐走起这种路线。

做小龙虾的企业会主打著名作家品牌并由菜系大师操刀，比如一片毛肚、一根油条的背后也牵涉复杂的原产地采购和长达数月、一年的研发等。

（3）数字细节彰显品质

现在不同的手机都有自己的品牌侧重点，但首先会在配置上用数字化细节展示强劲性能，"高通 821／麒麟 960 处理器、2 000 万摄像头／双 1 200 万摄像头、6 G+128 G、4 000 mAh 电池"等往往成为卖点，操作系统也会在重要迭代时说明经过了精确到个位的优化数量。

餐饮业海报也借鉴了数字带给人的严谨感，比如煎饼果子的热量、蛋白质、脂肪、碳水化合物等营养成分表，比如千味央厨的每一个经典产品都会标明原材料或经过多少道工艺，以及有多少日/月销量，不再一味笼统地自卖自夸，"数字化+黑科技"凸显细节优势。

5. 灯光设计

气氛营造中最关键的一步就是灯光，不同的灯光设计有不同的作用，经营者在选择灯饰时要根据餐厅的特点而定。

案例：

例如，一家餐厅选用立体灯柱用于照明，一排排灯柱既分隔出不同的用餐空间，又成为室内的装饰点缀。左侧一排的灯投向客席，右侧一排牵牛花状的灯则投向顶棚，形成一朵朵光晕，极具装饰效果。

餐厅可以使用的灯具种类颇多，如白炽灯、荧光灯及彩灯等，无论选用哪种灯具，都要注意灯具风格与室内陈设协调一致，最好能唤起顾客的食欲。

灯光，是餐厅中最重要的一个部分，却最容易被忽略。如果灯光设计失败，一个店面看上去会与其定位的消费氛围不搭，甚至自降品牌格调。

（1）想要顾客愉快地吃饭，你得先把色温选对

先说选光的总原则，餐厅通常会选择色温在 2 700—3 500 K 的灯光，这会显得比较温馨舒适。

由于灯光色温不同，带给消费者的主观感受也截然不同。从常规意义上来讲，有如下规律：

◆ 暖色光（色温在 3 000 K 以下），与白炽灯光色相近，红光成分

较多，能给人一种温暖、健康、舒适的感觉，主要用于酒店、西餐厅、咖啡厅等让人休息放松的休闲场所。

- 中间色（色温在 3 000—5 000 K 之间），其光线柔和，给人一种愉快、舒适、安详的感觉，主要用于快餐厅。
- 冷色光（色温在 5 000 K 以上），光源接近自然光，有明亮的感觉，能够让人精神集中，给人干净的感觉。通常餐厅不会选择这种灯光，冷色光主要用于办公室、医院、工作室等需要集中精神工作的场所。

（2）消费群体不同，选光也要不一样

设计灯光时，一定要参考餐厅的目标消费群体。比如，客单价 70 元左右的日料餐厅，只要做到通透干净就好了，而客单价达到 500 元至更高的日料餐厅，则需要对光体进行隐藏，避免炫光出现。同时还要根据器皿的反光程度，综合考量灯光设计。

- 中餐厅，通常暖色系居多。
- 日本料理餐厅，灯光要比一般餐厅稍暗。因为日料餐厅的就餐消费群体通常为中产以上人士，这类顾客对于私密交流空间特别重视。除了门头、吧台、餐桌之外，这类餐厅的其他区域都应营造出"静"的感觉。
- 风情料理餐厅，更多是要在场景上营造出特色风格，而灯光设计通常要与餐厅的特色风格相应配搭。
- 咖啡馆，多使用筒灯，这种灯可以嵌入天花板，其外观简洁，隐蔽性强，可以营造出合理的阴影区和明亮区，而且，还可以避免灯光直射在人的脸上。

案例：

星巴克会使用很多画廊类灯光，突出自己的软装。同时，因为星巴克主要以墨绿色、咖啡色、原木色、黑色为主，与这种内敛、明暗适度

的光线结合，更能够凸显室内的高端商务风格，营造出一种温馨放松的洽谈环境。

（3）门头、餐区、橱窗，千万别用一样的光

- ◆ 门头灯光要突出。一般会设计有突出效果的灯箱，像 7-Eleven 的明亮的白炽灯；或者设置外打光，可开关、调节性比较强，可以增强门头的展示效果；也有多条光带设置，突出门头对消费者的吸引。
- ◆ 餐区打光要突出桌面，弱化周边。这样的打光可以突出桌面上的菜品，让其色泽更加诱人，更易引起消费者的食欲。通常很多餐厅会在餐区使用吊灯，吊灯与餐桌距离一般为 70—85 厘米。这样可以更好地聚拢光源，不至于影响整体灯光环境。
- ◆ 橱窗区灯光要突出展示产品，吸引消费者注意。此处用光，要让消费者的视线避开高光，转向仅被余光照亮的产品即可。比如星巴克，就将暖黄色灯光直接打在冷柜里的各种甜点、食品上，激发顾客的食欲。
- ◆ 装饰光源，隐藏使用，化腐朽为神奇。餐厅的装饰光源实际上很考验巧劲儿，它的主要作用是让环境更有氛围，更具品质感。由于选址、区位等原因，很多餐厅中都避免不了柱子、墙体的存在，其实这些都可以嵌入光源。这样一来，既可以丰富装饰光的表达形式，又可以把一些看似多余的物体做成别致的装饰。

📁 小贴士：

> 其实，餐厅打光是一门综合技艺。要做好打光，一定要先了解自己的目标消费群体的消费目的，做好产品定位。

6. 空间设计

餐厅的空间布局远不是随便摆摆桌椅、门口放置一个收银台这样简单的事。从顾客的点餐和买单，到员工制作餐点和送餐，每一个环节都包含着看似不起眼却影响深远的布局设计。

让我们从动线谈起。

动线就是进入餐厅空间后，在移动时感到舒服、不会轻易遇到障碍物且不易迷路。餐厅设计的核心是"效率"，这里的效率与快慢无关，而是在符合自身定位的前提下对于空间的利用是否高效。对于快餐而言，这一点尤为重要。

一般来说，餐厅内的动线分为顾客动线和服务动线两部分，顾客动线是餐厅的主导线路，合理的设计能清晰地引导顾客的移动方向，让顾客在点餐、就餐、出入的过程中能流畅且有序地行动，从而让顾客更加方便地使用空间。

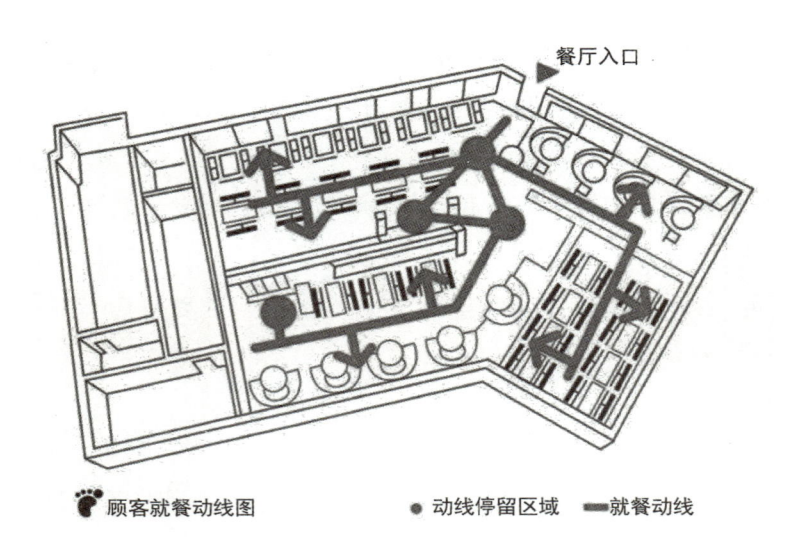

由此，我们不难理解为什么快餐店需要顾客自己点餐、取餐。这种方式可以把服务动线完全压缩在收银台之后，效率更高。

优化的路线设计能明显提升餐厅的效率，让服务更加快速，出菜、应答、收桌的方便和快捷都能提升翻台率，给顾客带来优质的用餐体验。那么在前期进行动线设计时，餐厅应该注意哪些事情呢？

（1）避免交叉

在设计动线时，需要避免顾客动线与服务动线的重合与交叉，上菜和撤席通道需要区分，还要考虑过道的宽度和方向。一般来说，普通餐厅的服务通道的宽度约为 75 厘米，而相对豪华的餐厅等则需要最少 90 厘米的宽度。同一个方向的过道不要过于集中，避免发生碰撞。

（2）最短距离

服务动线最重要的作用是缩短出菜的距离，让餐食能最快速、最安全、最新鲜地抵达顾客所在的餐桌。对于面积较大的餐厅来说，通过规划片区和设置出菜口的位置能避免出菜路径过长，提高工作效率。例如，不少餐厅在每一层楼都设有出菜口，或者在较为居中的餐厅空间设置出菜口等。

（3）最佳位置

服务动线设计还需要考虑各个功能点，包括工作台、出菜口、洗碗间、收银台是否合理，应从功能区域中找到员工最佳的待命位置。这些最佳位置点需要满足员工用最少的行走步数，完成对顾客的服务。还可以通过设置区域性的服务台，进行餐具存放或茶水摆放，这有助于员工缩短行走路线。

7. 色彩设计

不同的色彩能够给大脑带来不同的刺激、不同的心理反应和情绪状态。正如红色让人感觉更加激烈和热情，蓝色让人感觉更加舒缓和冷静，这意味着色彩也有性格，能传递不同的情感信息。

色彩包含的这些信息和引起的情绪反应，会直接影响顾客的选择和判断。在寒冷的冬夜，人们通常更愿意选择一家以红色为主题色的火锅店，而不是搭配冷色调装潢的饮品店。

通常情况下，餐饮界都倾向于选择红色、黄色、橙色等较为温暖且热烈的暖色系颜色。因为在餐厅中，温暖的颜色更能让顾客增进食欲。与之相反的蓝色、黑色、紫色等冷色系颜色也会让顾客更加冷静地控制食欲。

快餐店往往喜欢用红色、橙色，这些颜色能使人感到愉悦和兴奋，也会使人感觉时间漫长。因此，快餐店并不是一个等人的好去处，这里只会让人感觉越来越烦躁。

顾客往往会从餐厅的主题色判断餐厅类型，例如，看到正红色就会联想到中式菜肴或川菜，而明快的色彩组合则往往会给人以快餐店的感觉。

为了吸引年轻的受众，很多大众餐饮品牌的主题色会配合装潢，呈现出更加活跃和强烈的视觉效果。对于高端定位和以商务人士为主要受众的餐厅与咖啡店来说，选色上则应相对沉稳和优雅，比如以绿色和棕色为主打色的星巴克。

毋庸置疑，颜色对一家餐厅有非常重要的影响，那么餐厅应该如何选择适合自己的颜色呢？

（1）红色

红色给人的第一印象是大胆、热情、积极、强烈、动感，富有进攻性，能够让顾客提高心率和食欲。对于快餐型餐厅来说，冲动且热烈的红色无疑是绝佳选择，比如麦当劳、肯德基和真功夫。

对于经营火锅、辛辣口味的餐厅来说，红色也能让顾客获得更好的就餐体验。很多倡导中国风的餐厅，大多会以较为深沉的红色作为主题色。

（2）橙色

橙色通常会给人以阳光、有趣、友好、欢乐、实惠的感觉，富有热带气息，能够让人备受鼓舞、精神活跃且拥有更强的创造力。对于果汁品牌来说，新鲜阳光的橙色再合适不过。在中式快餐领域，以橙色为主打色的吉野家不仅抢眼，也让人感受到快捷和实惠。

（3）黄色

黄色给人的第一印象是年轻、新鲜、富于创意，具有极高的辨识度，比其他颜色更能吸引顾客的眼球，有利于促进品牌与顾客之间的交流。需要注意的是，黄色过于独立，容易让人不适，往往需要一些配色的衬托。

比如，麦当劳的黄色 M 形标志在红色的衬托下显得更加抢眼，而香港的元气寿司和大家乐则以黄色为年轻主题色出现在了大街小巷。

（4）绿色

绿色象征新生和成长，能够让人和气平静、充满希望。绿色与健康概念的联系颇为紧密，是自然、环境、有机等主题的代表色，容易让顾客产生信任感和稳定感，让进餐环境更加轻松。

星巴克就是以绿色为主题色的典型代表，极易给高端商务人士留下稳定和平静的印象。

（5）蓝色

蓝色象征着自由，给人一种稳重、诚信、安全、无攻击性的印象，容易让人冷静，产生距离感和信赖感。如果餐厅以蓝色为主题色调，则易让顾客克制食欲。作为在商务楼附近常看到的面包坊——巴黎贝甜之所以选择以蓝色为主色调，就是因为其能带给顾客信任感和安全感。

（6）紫色

紫色往往意味着神秘、智慧、独特、精英和浪漫，能够让人更加具有想象力，使餐厅看起来更具魅力。紫色因其代表智慧和精英，故为不少香港茶餐厅所青睐，如太兴和翠华餐厅。但紫色并不是常见的餐饮主题色，它蕴藏的神秘感与魅惑感令其适用于鑫泰、塔可钟这类泰国和墨西哥餐厅。

（7）棕色

棕色能够给人可信赖、保守、朴实、稳重、简单的第一印象，并不属于那种抢眼而让人印象深刻的颜色，更多地适用于和谷物、大地相关的餐厅，如多乐之日等面包店和咖啡店。棕色是星巴克很久之前的选择，现在已被绿色替代。如今，棕色更多地以一种餐厅不可或缺的配色存在。

（8）黑色

大多数情况下，黑色都会给人一种经典、奢华、昂贵、优雅、严肃、现代的感觉。为了显得更有质感，有些餐厅刻意选择黑色为其主打色，用整体设计来展现餐厅的形象。黑色和棕色的相似之处在于，它们都是配色的绝佳选择。

尽管不少餐厅都喜欢选择单一的主题色，但也有很多餐厅更偏向于选择多种不同颜色的搭配组合。在配色方案上我们应该注意，同类色彩的搭配能让颜色更加协调，协同带出主色调带来的感受，而对比强烈的搭配能让颜色更加突出和跳跃，令餐厅更加抢眼、吸引人。因此，餐厅应该根据自己的实际情况进行颜色的搭配组合。

📁 小贴士：

> 配色不宜过多，选用两三种颜色的搭配即可，如果餐厅选择的颜色组合过多，则容易令人产生杂乱感，让顾客心生困惑。
>
> 60∶30∶10是平面和空间设计中的黄金比例，运用到餐厅的色彩搭配中便是60%的主色彩、30%的次要色彩、10%的辅助色彩。

☕ **总结：**

人的心理和行为会受到色彩的影响，因此，经营者在搭配店内色彩时应注意以下几点：

第一，为了延长顾客的就餐时间，应该使用柔和的色调、宽敞的空间布局、舒适的桌椅、浪漫的灯光和柔和的音乐。

第二，为了提高顾客的流动率，餐厅的颜色最好使用红绿搭配。

第三，快餐店在营造气氛时要以鲜艳的色彩为主，配合紧凑的座位、明亮的灯光和快节奏的音乐，一切以"快"为中心，突出快餐主题。

8. 顾客过而不进的 6 个设计陷阱

50 米内没有竞争对手，不断有人向店里张望，就是没人进来尝尝，问题出在哪？

顾客过而不进，也许，问题就出在以下 6 个设计陷阱：

（1）店名设计陷阱——店名不知所云

在郑州知名的商业地产熙地港开业第一天，有家名叫"杯里杯外"的餐厅也同时开业。远望去，原木色的招牌和装修颇为小清新。但如果不是招牌末尾的"面"字，大多数人想不到这是一家面馆。

当几乎所有餐厅都人满为患时，这家面馆显得有点"与世无争"。短短 20 分钟，进店的只有 1/5 留下了，剩下的 4/5 一脸疑惑地退了出来。

"我还以为这是卖饮品的呢！"也许店家就是要给人留下这种"深刻"印象，也许后续慢慢可以用产品说话，但在吸引顾客的第一环节上，这家店是不是有些"走弯路"了呢？

（2）灯光设计陷阱——灯光太暗

还是熙地港，在地下一层电梯口，有一家"黑不溜秋"的餐厅。为什么说它"黑不溜秋"呢？因为店里的光线很暗，从店外看，你居然都看不出这家店是否在营业。

原本应通透的玻璃橱窗，硬生生被围起一圈木板，正挡在堂食顾客的脸前，这"保护"了堂食顾客的"隐私"，却也抹杀了其他人的进店欲。

（3）场景设计陷阱——废旧残旧

店内场景设计十分重要，它会直接决定顾客是否光顾你的小店。

当下，大家都在提倡服务体验升级，你的餐厅却还用着破洞的皮沙发、满是油渍的老式木桌，这顾客体验能好吗？很多年轻人多一眼都懒得看，更别提让他们进店消费了。

（4）海报设计陷阱——宣传单太"low（低端）"

好的海报，或者宣传单，优惠折扣让人一目了然，设计风格紧跟品牌形象，能让顾客看到宣传单就想到你的品牌，跟着宣传单进店消费。

可 low 的宣传单总是很相似的：浮夸的颜色选取，繁杂的优惠名目，看不到重点，连餐厅名字都很不凸显。顾客不看还没问题，看完印象为负分。这样的宣传单，只会起到反作用。

（5）店内卫生陷阱——卫生堪忧，看一眼倒胃口

进入中午或晚上顾客高峰期的餐厅，你是否也遇见过类似的尴尬：

- ◆ 门口有刚刚拖过的水渍，不小心就有滑倒的危险；
- ◆ 橱窗上擦花了的水印，外边人向里看，雾里看花；
- ◆ 包间里造型烦琐的欧式顶灯，昏暗还积满灰尘；
- ◆ 用过的餐具带着油污扔在就餐区附近的塑料筐里；
- ◆ 扫把、拖把立在大堂显眼位置，垃圾筐满了不清理；
- ◆ 消毒碗柜看起来在休眠；
- ◆ 餐厅洗手间卫生情况看起来"惨不忍睹"。

（6）店内服务陷阱——员工懒散、精神萎靡

现在随着连锁店越开越多，服务员素质变得良莠不齐，我们发现，冷清的餐厅和精神萎靡的服务员往往配套。有的喊几遍都没有回应，有的还没闭店就在打闹嬉戏。

最后，我们来复盘一下顾客过而不进的6个设计陷阱：

表 面 上	实 际 上
店名让人摸不着头脑	基础定位和商业模式都没搞清
店面设计过于高冷	内部思维代替外部思维
陈列老旧和破旧	根本没有内部的更新迭代系统
卫生状况很糟糕	QSC标准化根本不达标
服务员懒散	培训系统和监管没有做到位
宣传单丑哭	没有品牌美学意识和专业设计

有些细节看似微小，背后考验的却是经营餐厅的整个系统。有些细节看似"偶然"，实则是必然。而经营餐厅，不就是经营细节吗？

第四章

餐饮菜单——一切美好的开始

> 菜肴的香气如同它的灵魂,香气十足的一道菜可以勾起顾客的食欲,香气微弱的一道菜可能长久无人问津。在任何一家餐厅里,顾客点击率最高的往往是闻起来最香而口味不见得最好的菜式,因为真正口舌敏锐、懂得品尝的美食家还是将散发的气味作为点菜的依据。

1. 菜单越薄，利润越厚

菜单是什么？本质上就是餐厅的产品线目录，设计菜单即设计产品线。菜单既是顾客消费下单的界面，也是老板经营思想的窗口。

为什么很多经营者不能狠心精简菜单？因为老板总是陷入这样的诱惑而不能自拔：通过丰富多样的选择获得顾客的青睐，让顾客认为我这里应有尽有，总有一道适合你。最终带来更大的营业额。

事实真的如此吗？

餐厅菜单上的产品肯定是部分热销、部分冷门，有些餐饮经营者却做了长长的陈列，动辄一两百甚至两三百道菜。

菜单上每增加一道菜，厨房就要增加相应的采购、物流、存储、备料等成本。即使这样，带给顾客的消费体验却差强人意。

◆ 由于产品线过长，某些冷门菜经常无法提供。
◆ 因为少有人点，冷门菜的备料难以预见，一定会有存放周期，这又导致了原料新鲜度的问题。
◆ 厨房兄弟们在做难得一烹的冷门菜时，上菜时间和出品质量都很容易出问题。

☕ 思考：

为什么不狠心精简菜单，用更少的资金、成本、人力，减少可能损伤顾客体验的环节，并使用优质新鲜的食材，通过反复打磨提高出品速度和品质，做出最佳的顾客体验呢？

> **案例：**
>
> A、B两家餐厅，假设每天都接待1 000名顾客，营业额都是15万元，A餐厅菜单上有200道菜，B餐厅菜单上只有100道菜，则哪一家餐厅更成功呢？
>
> 答案显然是后者。

美国知名餐饮管理协会理事可翰（Khan）博士认为："餐饮经营的成功与失败关键在菜单。"菜单作为餐厅无声的推销员，是向顾客展示自己菜肴种类、特点和价格的说明书。它决定着上客数、翻台率、顾客满意度等，是顾客与餐厅间沟通的桥梁，更是餐饮经营的关键与基石。

一家餐厅想要提升营业额、提升利润、投资最少、改变最快、最有成效的方式就是——精简菜单。

一本菜单罗列了上百个品种，再加上图片设计、纸张质优、印刷精美、装饰华丽……这一切都使菜单承载了太多的内容，因而"含金量太高"，成为顾客（尤其有选择综合征的）点菜的一大难题。

"浓缩的都是精华"，给菜单做减法，越简单，顾客眼光越能聚焦在几道招牌菜上，既加快厨房出品速度，保证稳定的品质，还能使得成本更低，增加利润空间。

相信大家都听过"二八定律"：

经典的"二八定律"套在餐饮上

20% 的品种带来了 80% 的收益

80% 的品种只带来了 20% 的收益

就像肉类的毛利率很高，可以带来比素菜高 3 倍以上的利润一样。一般餐厅如果菜单上的菜 20%是本店的特色菜，被点的频率较高，大约 80%；而 80%的菜是大众菜，每道菜被点的频率只有 20%。

也就是说，菜谱花样多对餐厅盈利起不到多大作用！不仅如此，成本也提高了。这样还能好好地赚钱吗？

☕ 思考：

精简菜单带来了什么？

答案是：其产品更加聚焦，管理效率大幅提升，扩张加速。

2. 精简菜单策略

提高利润，给餐厅做减法，那么如何"精简"菜单呢？

（1）减数量不减品类

精简菜单，不能为了少而少，不能忘记以顾客为中心的原则。这里有深刻的教训。

案例：

郭家大院之前菜单基数大，当从 205 道菜减到 120 道时，顾客几乎没有感知，因为减掉的 100 多道点单率非常低，很多顾客平时也"看不见"。

小尝甜头的管理层好像发现了一个赚钱的大秘密——"菜单越薄，利润越高"，继续精简菜单。

从 120 道菜减到 75 道菜时，他们减得忘乎所以，忘了要"以顾客为中心"。只将毛利高、操作简单的菜留下；毛利不高、制作比较复杂的菜，即使点单率不错、顾客喜欢，也减掉了。

当时有一道牛蛙的菜，因为牛蛙利润不高、厨房操作麻烦，就减掉了。后来仙林店店长反映，一天就有三桌顾客因为没这道菜走了。

公司对此做了调查分析，发现其实当时顾客不是没牛蛙吃才走掉的，而是觉得菜品少，想吃牛蛙却没有，顾客要的是牛蛙这个品类，怎么做并不十分在意。

亡羊补牢，犹未晚也！

于是在第三次减菜单时，特别调整了品类，把牛蛙、牛肉这些顾客喜欢吃的品类加上去了。

精减菜单的情况下，品类越全越好。不能让顾客在点菜时，发现自己想点的品类压根儿没有，顾客会觉得这家餐厅的菜少，没什么可吃的。

（2）和招牌菜同品类的舍弃

菜品的数量精简，不是越少越好，学会舍弃特别重要，但是舍弃哪些呢？

顾客点菜，一般不会点两道同一个品类的菜。如果一家餐厅的主打菜是剁椒鱼头，那么必然要舍弃菜单上其他鱼头类菜品。

再比如，郭家大院的特色菜有幸福鱼头，于是他们坚决地砍掉了菜单上所有其他鱼类菜品。郭家大院的创始人郭才宝坚信："只要把鱼头做好，因为缺失其他鱼类菜品走了两桌顾客，也会因为鱼头来五桌、十桌。"

（3）主打菜提价而客单价降低

精简菜品之后，主打菜要提价，当然，主打菜从采购源头到烹饪、装盘，品质都需做相应的提升。

思考：

主打菜提价会不会影响顾客的光顾呢？

答案是否定的。顾客感知最强的，不是单个菜品的价格，更不是主打菜品的价格，而是他自己吃出的"客单价"。比如，10个人在一家餐厅吃饭，一顿饭花了700元，他会觉得很划算，如果花了1 000元，就会觉得贵。

（4）菜单排版的4个维度

- 菜品排列要荤素搭配、冷热分开，间隔排序。举例来说，菜单一页上三个菜的话，第一个是炒菜，第二个可以是炖菜或者冷菜。
- 价格排序，由低到高。点菜的人一般是付钱的人，从低到高更容易被人接受。
- 突出利润高、售价低的单品，也是为了拉低客单价同时保证高利润。
- 菜单排版要"插花排"。冷菜尽量排在前面，但不是传统的冷、热菜分开，而是把各品类插花排版。

拓展阅读：

另外，在菜单里面添加照片能提高30%的销售额。照片越生动形象，颜色越逼真，就越能刺激人的感官。当然，图片太多也会降低顾客对图片的感知，所以要注意把控菜品图片的度，不要做得花里胡哨。

在菜单元素的配色上也要十分讲究，不同的颜色给人的感觉和"激励"行为都不同。有研究表明，红色会刺激人的食欲，而黄色吸引了我们的注意力。两者的结合是最好的食用色素的颜色配对。

3. 海底捞新菜单：菜涨价了，顾客却不觉得贵

涨价是提高客单价最直接的方式，但是也不是想涨就涨，如果让顾客觉得你的菜价太贵，你可能会失去顾客，"一涨价就没人"怎么办？

当然，如果涨价了，顾客却不觉得贵，还不知不觉给店家多掏钱，你是不是很想知道其中的奥秘呢？

案例：

知名餐饮品牌——海底捞，它的菜单全线涨价，招牌十捞中，最贵的一捞涨了16元，但顾客结账时却"没觉得贵"。

下面是2017年6月份海底捞郑州一家店的菜单，和去年同期的对比：

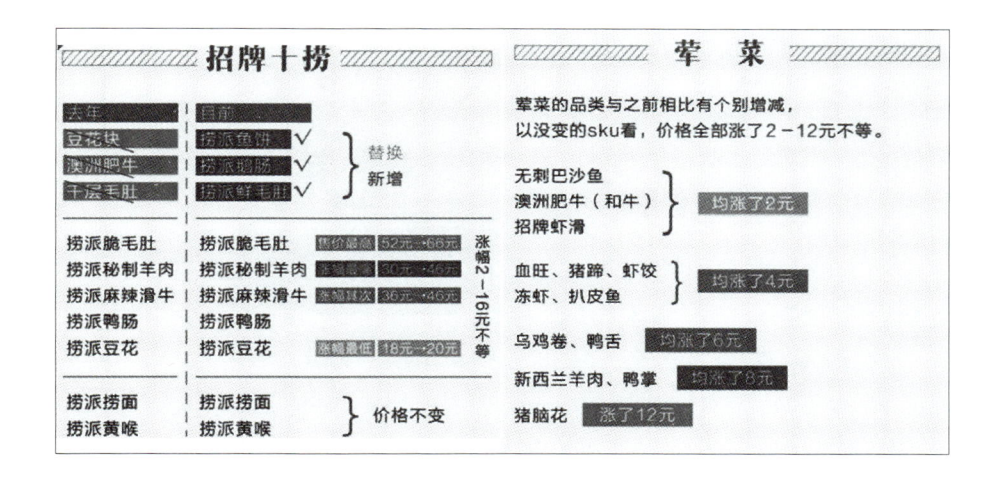

招牌十捞			荤菜	
去年	目前		荤菜的品类与之前相比有个别增减，以没变的sku看，价格全部涨了2-12元不等。	
豆花快	捞派鱼饼 ✓	替换		
澳洲肥牛	捞派嫩肠 ✓	新增	无刺巴沙鱼	
千层毛肚	捞派鲜毛肚 ✓		澳洲肥牛（和牛）	均涨了2元
			招牌虾滑	
捞派脆毛肚	捞派脆毛肚	售价最高 52元-68元	血旺、猪蹄、虾饺	均涨了4元
捞派秘制羊肉	捞派秘制羊肉	涨幅2-16元不等 50元-46元	冻虾、扒皮鱼	
捞派麻辣滑牛	捞派麻辣滑牛	涨幅其次 36元-46元	乌鸡卷、鸭舌	均涨了6元
捞派鸭肠	捞派鸭肠		新西兰羊肉、鸭掌	均涨了8元
捞派豆花	捞派豆花	涨幅最低 18元-20元	猪脑花	涨了12元
捞派捞面	捞派捞面	价格不变		
捞派黄喉	捞派黄喉			

涨价之前，海底捞郑州店客单价在70—90元之间；涨价后，大多数人吃海底捞的感受是，实惠，人越多越划算。

为什么涨价了，顾客感受并不明显？

（1）商品PI值越高，顾客对价格越敏感

所谓PI（purchase index的简称）值，就是千人购买率，也称为商品的购买指数、商品的人气度或是商品的聚客指数，也就是衡量商品被顾客关注的程度。

PI值的计算方法：

PI值＝商品在单位时间内购物篮中的销售数据／单位时间所有的购

物篮数量×1 000（在餐饮业一个购物篮相当于一个订单）

PI 值与价格敏感度的关系密切相关，PI 值越高，说明该商品的关注度越高，购买频率也越高，这类商品会在顾客心中形成一个固定的价格区间，商品价格稍有变动就会引起顾客的注意。就像很多人对大件商品多花几元几十元都不在乎，却会在买菜时因为几角钱跟小贩斤斤计较。

案例：

在海底捞，一些 PI 值高的菜品，比如捞派豆花、无刺巴沙鱼、澳洲肥牛（和牛）、招牌虾滑、捞派黄喉、捞派捞面，这些是购买率高、毛利低的敏感商品，要么没涨价，要么就只涨了 2 元，涨的幅度最小。还有 PI 值最高的锅底是菌汤、青椒、清油麻辣，这几种单锅的价格都没有变。还有自选小料和饮料，每位涨了 1 元，顾客在结账时也不太会察觉。

相反，PI 值较低的低敏感商品，涨价的幅度较大，比如猪脑花，涨了 12 元；鸭掌、鸭舌、乌鸡卷涨了 6—8 元。

结论：

PI 值高的商品轻微涨价或不涨价，PI 值低的商品涨价幅度大，顾客并不觉得贵了很多。

（2）价格弹性系数越低，越不会影响顾客购买率

什么是"价格弹性系数"？

这是经济学上的一个概念，也叫"需求价格弹性"。就是价格变化引起销量的增减程度。不同的商品，需求量对价格变动的反应是不同的。

有的商品价格变动幅度大，而需求量变动幅度小；有的商品价格变动幅度小，而需求量变动幅度大。

价格弹性系数＝需求量变动的比率/价格变动的比率。

价格弹性系数远小于 1 的东西，涨价或降价都不会太影响顾客消费的多少。比如食盐，如果盐涨价了，我们哪怕少吃点油也要省下钱来买足够的盐；相反，盐如果降价，恐怕谁都不会图便宜把每餐放盐的量增加一倍。

但是，那些价格弹性系数远大于 1 的东西，随着价格变动，消费也会迅速增减。比如奢侈消费品，或市场上有替代产品的生活必需商品，一旦遭遇价格战则营业额立即会跳水。

案例：

在海底捞，蔬菜类和豆制品类，比如生菜、茼蒿、冬瓜、千张、豆腐、腐竹等，都是弹性系数小的菜品。虽然贡献率低，但刚需量大，是餐餐必备的产品，同时 PI 值也不高，所以可以大幅度涨价。这两类菜品每份普遍都涨了 4 元。而且，以前比较划算的菌类拼盘和蔬菜拼盘都被取消了。

海底捞的虾滑也是弹性系数小的菜品，因为其品质和口感，别人家几乎没有可以与之媲美的同类产品，所以价格也可以涨，但因是 PI 值较高的菜品，涨太多顾客就会很敏感，所以每份只涨了 2 元。

在海底捞，价格弹性系数较大的，比如招牌十捞中的捞派秘制羊肉、捞派麻辣滑牛、捞派脆毛肚等，这些菜品理应少涨或者不涨价，但实际上，这几种涨得幅度都不小，分别涨了 16 元、10 元、6 元。

主要原因是：首先，这些菜品的 PI 值不是最高的，顾客对价格的敏感度也还行；其次，据了解，招牌十捞对营业额的贡献占比是 60%，涨价就是为了提升利润，所以不涨它们涨谁。理论上来说，十捞中牛羊肉的涨价幅度还是有一定风险的。

结论：

由此可见，高敏感度商品毋庸置疑是制订价格策略的一个重点，怎么既能保证销售，又能营造价格形象；一般敏感度商品，实行高低价策略，保持竞争力，保证公司毛利；低敏感度商品采取市场跟随策略，保持高盈利水平，可以实行高毛利价格政策。

不同敏感度商品的定价策略

高敏感度商品	一般敏感度商品	低敏感度商品
价格领导者，保证价格的绝对优势与竞争对手保持3%—5%的价差	实行高低价策略保持竞争力，维护公司毛利 ★ 高销售品牌单品保证 ★ 1%—3%的差价 ★ 其余商品保持市场平均价格	采取市场跟随策略，保持高盈利水平

4. 菜单的制订与设计诀窍

对于餐饮企业来说，菜单的制订与设计从来不是简单地罗列菜品，而是一个会影响销量、直接与利润挂钩的关键点。

餐厅菜单的设计大有学问。

（1）不使用现金符号

餐厅管理者在设计和制作菜单时，尽量不使用现金符号，因为这会提醒消费者，他们正在花钱。

（2）描述技巧

用优美的词汇来描述菜品，更能吸引顾客。

菜单设计师 Greg Rapp 拿"马里兰蟹饼"举例："纯手工制作，甜美的大块蟹肉与蛋黄酱的结合，再加上特制的香料，最终炸成金黄色的口感丰富饱满的蟹饼"，这种描述能让消费者感受到极致的感官体验，能让顾客消费之后，获得满足感。

（3）打亲情牌

菜单上加上亲人的称呼，更能吸引消费者。举个例子，人们更喜欢点"奶奶的手工饼干"或是"王阿姨的土豆沙拉"。类似的，也可以用地名来唤起乡情。

（4）特别标注

加黑加粗，或者使用彩色字体，能够让菜品显得比其他菜更特别。不过，高端餐厅最好避免使用这一招，这会显得很俗气。

（5）高低价对比

餐厅会用贵得离谱的菜品作为陷阱。"你肯定不大会买它，但你会找个相对便宜，价格相对更合理的菜品。"作为菜单上唯一一个标价3位数的菜品，它的作用就是衬托出其他菜的"便宜"。

（6）大小份

顾客根本不清楚小份会有多小，他们只会看到小份更便宜。而事实上，餐厅就是想让你用低价买小份，那个贵一点的大份不过是用来做对比的。

（7）阅读模式

餐厅会考虑人们阅读时的扫描路径。韩国的一项研究表明，1/3的顾客更愿意点第一眼看到的东西。于是，餐厅会把利润最高的东西放在菜单的右上角，因为那里是人眼最先注意到的地方。

（8）限制选择

有些人具有选择困难症，面对这样的顾客，有没有好的办法呢？

这个有效的方法就是通过限定菜品数量，餐厅减轻了消费者在选择时的压力，这样会更高效。显然，菜单上最合适的菜品数量是：快餐店每个类别6个选择，餐厅每个类别7—10个选择。

（9）消费情绪

研究发现，餐厅中播放古典音乐能够刺激就餐者消费，因为古典音乐能让人们觉得更富裕。而播放流行音乐，则会导致人们少消费10%。

5. 好菜单的4大要素

给你一张菜单，你的第一印象是什么？你能记住几种菜品？你能否产生食欲？

一份好的菜单，就像一个人的名片，身份特质很明确，一看就知道这家店是做什么的，有什么特价菜，最吸引人的地方在哪里。一份好的菜单，具备 4 大要素。下面就让我们看一看让人过目不忘的好菜单，包括哪 4 大要素？

（1）品类

餐饮上的品类，是产品组成或某一具有代表性产品的统称，比如成都小吃、西安小吃等，这是一种大的品类。

还有一种分化出来的小品类。

案例：

比如，旺顺阁的鱼头泡饼，传播的就是这道菜，这道菜就代表了一个细分品类。顾客一下子对它也有所了解。

同理，眉州小吃，来自四川的味道，菜单首页直接放上招牌"担担面"——百年担担面，传承四川味，清晰明了地表达了它的立场。初见菜单的顾客眼前立现的是一个有出处、有历史、有视觉印象的菜品（担担面）、品类（四川小吃），也准确地知道了，它是谁！

（2）招牌

招牌就是你的明星产品，你的餐厅最擅长的是什么。

招牌就是餐厅的主品、爆品，它是一个店面的产品形象代表，就好比一个人，如果没有一个最擅长的东西，那么无论是找工作还是创业，都很难有所成就。

招牌菜，是每一家餐厅的镇店之宝，这个菜品是一家店的骄傲，也是一家店的有效传播点。

(3) 品牌

品牌的精神价值是真正的内核，尤其是"品牌信仰"，它是一个品牌的灵魂，企业所有的活动都需要围绕这一灵魂展开。它不仅是传统营销学所描述的"核心价值"，它更是一种精神，一种召唤，一种可以令消费者认同、也令品牌为之奋斗的理念，因此称之为品牌信仰。

案例：

眉州小吃的菜单强调了产品的起源和文化内涵。写一段诗一样的产品故事，同时强调每年卖出2 000 000碗，有没有一下感觉这家小吃了不得呢！同时有四川某协会的授权，有没有感觉很正宗！这既是产品的背书，也是品牌的背书！

一个产品是否足以成为品牌，是产品背后的人文、连接、创造，不断地赋能！

(4) 洞察消费者

利他性，就是餐厅的经营者树立为人服务的思想，真正站在顾客的角度出发，洞察他们的喜好、他们饮食中存在的痛点、他们的就餐场景。然后从技术的层面去做好菜品的结构布局，有主有次、善于引导、能够让顾客轻松点选，吃得合理、满意！

6. 菜单"拼脸"的8大技巧

餐厅菜单如何过目不忘，让人食欲大增？

菜单"拼脸"的8大技巧如下：

（1）布局重要

菜单上每一个菜式的排列位置，都能直接影响到它们的销量排行。一般来说，顾客首先看菜单的哪个部分呢？

菜单中上部：不管任何形式的菜单，顾客首先关注的地方都是菜单上方的1/3处的中间位置。

菜单右边位置：顾客的阅读习惯是从左到右，如果第一焦点在菜单的中上部，那逻辑上说紧接着看到的就是它的右边了。

（2）小心使用图片

如何使用图片，你需要聘用一个专业的摄影师帮助你拍出菜单需要的图片。

这些图片的拍摄，必须颜色鲜亮，看着很美味。灰暗色调的图片会使菜品卖不出去。如果你想在菜单上使用食物图片，选用一两张极具特色的菜肴图片即可，不必全部展示。

如果你选择用图库图片设计菜单也要十分小心。菜单上展示的食物图片需要与你实际提供的菜式一致。

（3）粗体字的合理使用

字体作为菜单设计的一部分，适当加粗，有助于提高销量。加粗的排版技巧，可以引导顾客的注意力，使注意力集中到被加粗的菜式上来。所以，设计时可以将餐厅的特色菜肴或者畅销菜品着重标出。

（4）注意价格的排列

作为餐厅的老板，恐怕最不情愿的事情，就是顾客看了菜单，然后点最便宜的菜品。

以下这 5 种方法，可以用来避免这种情况：

- ◆ 不要在菜单上使用"¥"符号；
- ◆ 不要对你的价格使用垂直对齐或者水平对齐的方式；
- ◆ 使用非传统的定价方式，小数点后的角分考虑使用一位数来取代两位数（10.5 代替¥10.50）；
- ◆ 为你的价格部分选择微妙的颜色和排版，例如，菜单字体是黑色，考虑使用灰色作为你价格的字体颜色，这样它就能弱化视觉上的冲击力；
- ◆ 不要用从高到低或者从低到高的价格来排列菜品，打乱它们。

（5）应用色彩

使用颜色比较简单，你只需要选择符合你整体品牌和风格的色彩即可。然后还要考虑色彩的意义。

通常，红色刺激食欲，绿色与健康相关，蓝色抑制食欲。作为一般规则，大胆明亮的颜色是首选，但颜色选择还是取决于餐厅的类型。

（6）线框的组合

将菜单上的内容组织起来，这就用到了线框。

线框的设计应按照消费者的逻辑来表示，而常见的想法可能是开胃菜、主菜、甜品和饮料。

（7）字体决定基调

字体是每一个菜单的核心，你选择的字体将会决定餐厅的基调。

拓展阅读：

考虑一下设定的感觉和适合它的字体样式：

宋体字：方正稳重，秀丽清晰，阅读醒目。

黑体字：独具一格，给人一种粗实有力、严肃庄重、朴素大方的感觉。

楷体字：笔画圆润，字体娟秀，给人典雅的感觉。

隶体字：古朴，蚕头雁尾，有舞蹈的柔软和连续不断之美。

魏体字：苍劲有力，笔画粗实，给人以实在之感。
舒体：比较活泼，且具有较大的灵活性、随意性。
颜体：具有筋骨粗壮、庄严之美。

（8）生动的文案

描述性或趣味性的文案能使食客更好地了解他们所点的菜品，替服务员节省时间，甚至能增添点单过程中的乐趣。所以，为每一份菜品撰写精练动人的文案，但同时要注意简短扼要，所有文案的基调要符合餐厅定位。

7. 打造餐厅的"特色菜品"

打造餐厅的"特色菜品"，即对菜品味道的极致打磨。

标准化无疑是连锁餐厅保障菜品稳定、摆脱被厨师绑架的上佳办法，却绝非适用于所有餐厅。对于那些追求高品质、独特享受的高端餐厅以及一些受限于资金、人力等"先天缺陷"的小店来讲，产品味道的优化升级才是最重要的。

作为"高关注度"和"高差评率"的重要因素之一，菜品味道是餐厅发展的难点，也是其提升自身竞争力的重要机会。

案例：

清和传家成立于2012年，在短短6年的时间里，企业拓展到北京、天津、吉林、内蒙古等地区，开连锁店数量达几百家，清和传家取得的辉煌成绩所有同人是有目共睹的。

清和传家手工饺子——用心之作，只为呈现"家"的味道。

餐饮行业最能代表中国品类的，就是饺子。比萨饼是欧洲人的代表，汉堡是美国人的代表，中国人能走出世界的——就是饺子。

清和传家创始人从中专毕业就开始做饺子，从沈阳来到北京，在北京以开直营店为主。做饺子的讲究很多，饺子皮怎么做，包饺子怎么包，都十分讲究。产品的结构特别好，标准化生产，标准化程度极高，产品也特别好吃。

清和传家的老板情怀——我想做一个产品代表中国，所以他的文化——有华人的地方，就有清和传家。清和传家秉承以服务为基础，以品牌为核心，以市场为先导，以文化为内核的经营管理理念，坚定不移地推进品牌发展战略。

清和传家致力于打造"家"味道的品牌理念，让中华传统美食走向世界。

你或许见过这样一种餐厅：选址、环境和服务都较为一般，却似乎永远处于顾客排队生意爆棚的状态。看似完全不符合商业逻辑，细品之后却能发现它的制胜法宝——对于菜品味道的极致打磨。

无论在什么时代，餐饮行业最核心的都是"菜"，味蕾记忆永远是最重要的区隔符号。用户体验做得再好，营销再吸引人，品牌再强势，脱离了菜品味道都是空中楼阁，终有一天会倒塌。做餐饮，最高的竞争壁垒当属菜品本身。

那么，如何打造特色菜品，如何保障菜品的高质量？怎样将菜品做到极致？不妨参考以下三个方法：

（1）专注单一品类

随着时代的发展，以"90后"为代表的新生代群体已经成为消费的中坚力量，这是一个具有强烈好奇心和尝鲜心理的群体。面对这部分群体，餐厅只有专注于某一特定品类，将菜品做到极致，才能拥有与其他餐厅的鲜明差异，形成自身特色，打造特色品牌印记、粉丝群体和核心竞争力，正如提起巴奴就能让人想到毛肚火锅一样。

品类与选择的不断精简，要求留存在菜单上的菜品要经得起考验，但顾客的口味是不断变化的，唯一的规律是会变得越来越挑剔。想要满足顾客不断提升的要求，单品店需要对主线菜品不断地进行研发，不断调整打磨爆款口味。

同时，餐厅需要爆款增加品牌认知度与顾客忠诚度，打造爆款对单品店尤为重要。但需要餐厅经营者注意的是，不是所有的产品都能够被打造成爆款。爆款不在多，贵在无人能够效仿。

（2）控制餐厅数量

对于有些餐厅而言，把生意"往小了做"意味着经营者不需花费大量时间进行规模化运作和管理，从而有更多的时间将自己的菜品味道打磨到极致。

（3）关注菜品细节

细节的力量是可怕的，一道菜品的制作细节不会都被用户看见，但用户的体验感正是由许许多多看不见的改变堆叠而成的。

案例：

知名音乐人高晓松曾经在微博上晒了一份没有标志痕迹的外卖，但细心的粉丝们却依然看出了外卖的品牌——优粮生活。"这么切玉米的只有它一家""从菜花和五花肉的比例来看，是它家没跑"，甚至还有从米饭上识别出优粮生活的粉丝，也不枉这支外卖创业团队常年在全国各地寻找优质米源的努力。

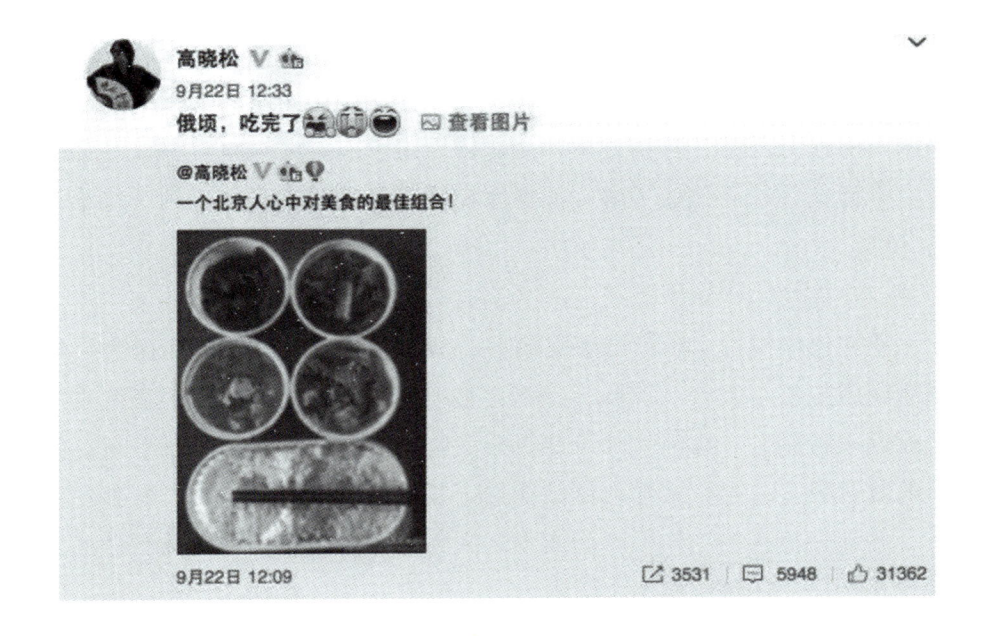

优粮生活的主打特色菜确实是最"没"特色的"番茄炒蛋"和"干锅花菜"，但就是这些很难做出差异化的品类，在经过优粮生活对标准和

制作细节的不断打磨之后，使口感和味道都得到了最大化的升级，成功进入顾客的心里。

当食物不再仅限于果腹的功能时，越来越多的餐厅开始在审美情趣和生活态度上扮演独特角色，追求所谓的个性化。

然而，不少的个性化餐厅单纯为了个性化而个性化，却忽视了对菜品味道的管控。须知，味蕾才是检验食物的最终标准，只有建立在"好味道"上的个性化才具备持久的生命力。

8. 菜品的选择与更迭

菜品是一家餐厅的灵魂所在，也是顾客真正关注的重点。餐厅制作菜单时，应将菜品的选定视为第一个环节，也是最为重要的环节。没有好的菜品作为支撑，营销方案即便做得再出色，餐厅也很难留住顾客的心。下面让我们简单地了解一下餐厅在选定菜品时应当注意的一些小技巧。

（1）做减法：精简菜品数量

前文已经说过，餐厅的菜品越多，顾客在点菜时的难度就越大，用餐时间就越长，翻台率和体验感都会直线下降。如此一来，顾客便很难记住这家餐厅，二次消费的可能性会大幅下降。从餐厅的角度分析，菜品的数量繁多，会直接导致产品线过于复杂，这无形中增加了各部门监督、培训、检查等工作的时间成本，大大降低了利润率，导致餐厅的经营状况恶化，进而形成恶性循环。

如果餐厅将自己最擅长的核心菜品做深做透，再在菜单中适当搭配其他周边菜品，可能会产生令人意想不到的效果。

案例：

比如，在餐饮文化高度发达的日本，几乎 80% 的日本餐厅走的都是单品路线，如拉面专门店、寿司专门店、米饭专门店……

且日本餐厅的菜单多以单页形式展现，菜品种类并不繁复。

精简菜品的数量能让餐厅将不方便标准化、不方便保存、不方便对接供应链的产品剔除，减轻了产品线和厨房的负担（采购、物流、存储、备料、人工等成本），提升上菜速度。同时，这也能让食材更新鲜，菜品品质的稳定性更强，顾客点餐目的更明确，体验感变强。这种转变，在表面上看是菜品数量的缩减，背后则是产品结构的调整，必须做到菜单表现形式与产品线的一致。

（2）形式感：合理搭配轻重菜品

所谓轻重搭配合理，就是指以一周中的不同日期、一天中的不同时段来对菜品进行不同的种类搭配，并将"轻食+重食"的形式进行多样化组合。这种菜单的搭配方式对菜品的要求很高，在可操作程度上，中餐不如西餐，正餐不如快餐，快餐不如休闲餐。

其具体做法可以参照轻食简餐品牌沃歌斯（Wagas）。

案例：

沃歌斯在周一到周五的工作日期间，上午 11 点之前提供早餐，中午提供 4 款售价 58 元的便捷午餐，在下午和傍晚则提供 10 多款鲜榨果汁、咖啡、茶饮和蛋糕甜点。到了周末，沃歌斯会在上午 8 点到下午 5 点为顾客提供早午餐。

沃歌斯根据顾客实际需求的变化，在不同时段推出不同的菜品组合，满足了顾客即时性的餐饮需求，由此极大地增加了顾客到店消费的可能性。

（3）迭代性：菜品如何更新换代

菜品的更迭对于餐厅来说是一个永恒的难题。即使品牌有了清晰的定位，对菜品的准确把握也不是一件容易的事情。有时候精心打造的爆款菜品反而卖不好；有时候末位销量的菜品在被餐厅淘汰后，又会有很多顾客问询。

对于餐厅而言，顾客的喜好才是所有菜品的灵感来源。即便你无法倾听每位顾客的反馈，也可以通过以下几个方法从顾客的感受与视角出发，评判每道菜品的价值，从而信心十足地进行菜品调整。

第一，ABC 法则。从菜品销量和销售额两个维度将菜品划分成 A、B、C 三个等级，餐厅的经营者需要综合考量权衡 C 级菜品是否有被淘汰的必要以及爆款菜品如何保持竞争力。

对于餐饮品牌来讲，一般有 10%—20% 的菜品会成为爆款，将其归类为 A 级。这样的菜品占比不高！却几乎是每桌顾客必点的招牌菜。对于 A 级菜品，餐厅经营者应当巩固其"优势"，让爆款菜品的口味更精致、稳定性更高，同时找到其所需原材料最稳定的供应商。

常规菜品也可以称为 B 级菜品，通常会占据总菜品的 60%—80%。这类菜品的作用是为了给顾客提供更多的选择，或者这类菜品受到某一小类群体的喜爱，没有体现集中爱好。

剩下的 10%—20% 则应归于 C 级菜品，它们是菜品更新迭代时的首选。C 级菜品的销量不佳从一定程度上反映了顾客的偏好，但也有可能是菜单设置或者出品不稳定等原因造成的。无论如何，销售数据决定了这类菜品最终应被淘汰。

每道菜品对于销售额的贡献率也是考量菜品价值的核心维度之一。虽然划分 A、B、C 级的方法和上个维度相同，但是考量标准的不同可能会使菜品梯队阵容发生很大的变化。

举个例子，有些销量处于 B 级的菜品，因其单价较高，对餐厅销售额的贡献较大，会成为销售额维度中的 A 级菜品。

另外，餐厅的经营者在考虑菜品迭代的时候，一定要注意综合权衡两个维度中的 C 级菜品，将顾客对于菜品的喜好纳入决策依据。

第二，复购率。和菜品销量一样，菜品的复购率也是顾客偏好的体现，需要把握以下两个核心数据：

首先，单个菜品的复购率。举个例子，假如餐厅在一定时间区间内有 100 个顾客光临，其中的 90 个顾客都点了同一道菜品，这就是单个菜品的复购情况。复购率是顾客喜好最直观的反映，复购率高的菜品应被作为餐厅的爆款菜品进行主推，并将此作为制订菜品研发方向的依据。

其次，单个顾客的菜品复购率。该数据体现的是单个顾客在一定的时间区间内对于单个菜品的复购情况。通过它，餐厅可以给顾客贴上不同的类型标签（喜辣、喜素食等），继而在进行菜品推广等营销活动时为不同的顾客制订有针对性的营销内容。

9. 起个让全世界记住的好菜名

掌握好起菜名这项技能，有利于在抓取顾客群体的过程中掌握更多的主动权。独特的菜名不仅能激发更多顾客的认同感，拉近顾客与餐厅之间的距离，还能与竞品形成更明显的差异化，便于二次传播，其重要性不言而喻。

那么，如何取名才能更好地赢得顾客的青睐，让餐厅从众多竞争对手中脱颖而出呢？

（1）直白

下面，不妨借鉴北京"味道"餐厅的做法，遵循"由简至繁"的逻辑，将菜名分为直白、直白中稍带变化和创意菜名三个类别，各占 1/3 左右。

通常情况下，比较直白的名字主要用于菜单中非主推的产品，比如麻婆豆腐、水煮牛肉、麻辣香锅这类菜品。顾客对其印象早已根深蒂固，如果名字太过花哨，反倒容易拉高顾客的期望值，进而降低对菜品的满意度。

（2）直白中稍带变化

直白中稍带变化的起名方法，主要分为两种：

第一，直接包含主辅料的融合菜、创意菜。此类菜品的制作方法呈现方式或摆盘本身并不常见，甚至是本店所独有的，直接将食材放入菜名中会大大降低顾客的理解难度。

案例：

比如，川式鬼肠十八鳞、芒果三文鱼配饹馇盒、雪茄小馒头配鹅肝酱等。表面上看，这类菜名的字数不少、信息量大，但实际每个菜名都直接包含了主辅料，易于理解。

第二，由"自家餐厅名字+主食材"组合而成。这种做法相当于为菜品贴上了推荐标签，甚至可以成为一家餐厅的品牌符号。需要注意的是，"推荐标签"往往对应的是大众认知度高的食物，突出对原有菜式的改良。这类菜名最好控制在菜单总数的5%以内，以此来保证招牌推荐的稀缺性。如果这种方式运用过多，则会让人感觉餐厅盲目自信，也会降低顾客的点餐效率。

（3）创意菜名

所谓的创意菜名，顾名思义就是所起的菜名带有一定的创新性，给人耳目一新的感觉，具体有以下三种方式：

首先，讨彩头。

案例：

比如，将烤翅命名为"比翼双飞"，给牛油冠上"富得流油"的名头……该形式常见于商务宴请等追求寓意的场合，其中以年夜饭最为典型。每到这天，餐厅里的狮子头就变成了"鸿运当头"，清蒸多宝鱼则变成了"年年有余"……

想方设法根据主要食材或者摆盘形象跟一些带有吉祥色彩的词语沾边。

其次，套热词。这种菜品的命名方法适用于一些针对年轻人的餐厅，利用网络热词为菜品命名，无疑是餐饮与"90后"顾客最畅通的交流方式之一。这种类型的菜名往往具备较强的社交功能，在朋友聚会或男女约会时，都可以成为表达顾客情绪的好帮手。

案例：

猿串是位于长沙市核心商圈酒吧街的一家烤串店，无论是到店消费，还是向外供货的主要客群都是18—25岁、外出娱乐消费频次较高的年轻人。为了提高顾客的认同感，该店别出心裁地为许多传统菜品取了带有明显流行色彩的新名字：

蟹味小蘑菇叫"萌萌哒",烤黄瓜叫"小贱瓜",烤豆腐叫"吃你豆腐",烤章鱼叫"章大大"……这种与主要客群调性一致的命名元素,深受当地年轻人的喜爱,也为猿串带来了巨大的利润回报。

需要注意的是,这种套热词的命名方法往往伴有一定的"风险"。热词太多容易让顾客觉得餐厅的品位较差,"备注"的工作如不到位就会变成考验顾客智商的门槛,让顾客觉得自己不被餐厅欢迎。

最后,轻松逗趣。运用轻松诙谐的方式,恰当地在菜名中融入时间、温度和烹调手法,可以更加强调食物本味。如果融入电影、电视剧、音乐、童话故事、人物名称等元素,则能凸显食物的文化和意境。

案例:

比如,"三分钟热度"(三文鱼)、"蒂芙尼的早餐"(牛奶布丁)、"夏纳遇上北海道"(法式焦糖布蕾+茉莉花茶香)、"来自湄公河的巴沙鱼"(烤巴沙鱼)……这种名字,能让顾客在看到菜名时会心一笑,比单纯描述食物本身更加有趣。

同样的菜品,不同的菜名,会给顾客带来截然不同的感官体验。有趣的菜名会让顾客吃完后产生强烈的满足感,它甚至能成为有力的品牌加分项,让顾客心甘情愿地为其买单。

这种菜品描述的形式,如今也被一些大型连锁餐企(麦当劳、肯德基等)运用到了品牌供应商的描述上,比如它们直观标注出了品牌供应商的名称,这种方式让顾客很自然地将健康、安全、美味和菜品联系到一起,获得了顾客的信赖。

📁 **小贴士:**

需要强调的是,纵使起菜名的方法有千种万种,"调性、场景、节奏"也应是贯穿始终的元素。同时,餐厅还应在决定菜名之前考虑传播路径是否顺畅。该猜的时候,花点心思出谋划策让顾客慢慢猜;不该猜的时候,千万别自作聪明让顾客摸不着头脑。

10. 定价是门技术活

餐饮餐厅的定价，直接影响着餐饮餐厅的销售额，影响着餐饮餐厅的菜品销售数量，所以，一家餐饮餐厅的菜品合理定价是经营者必须特别关注的。

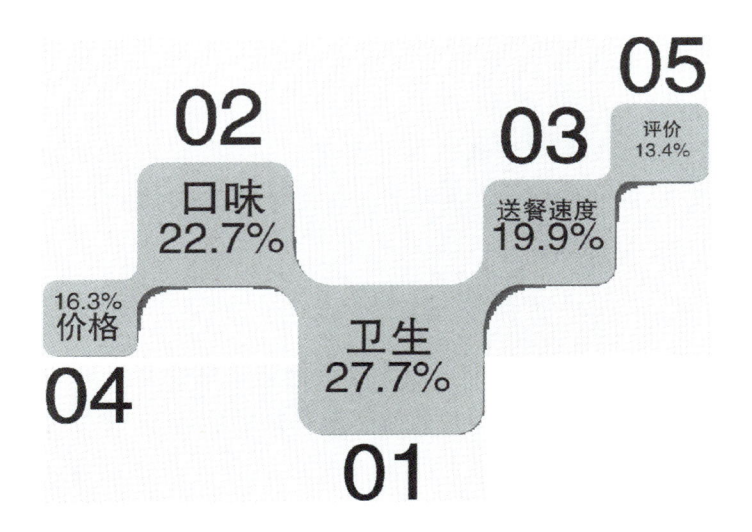

定价有哪些方法呢？

（1）成本导向定价法

从成本找定价准则是我国现阶段餐饮业最基本、最普遍的定价方法，它是以餐饮产品成本为基础，再加上一定的利润和税金而形成的一种定价方法。餐饮产品的价格应该在收回成本的基础上，还能补偿经营中的必要费用和所需上缴的税金，另外，它还需要有一定的余额作为经营利润。

案例：

在决定菜品售价时，首先要考虑餐饮成本，而此成本是由食品原料成本、员工工资及经营费用三项构成的。因此，最常见的餐饮定价法是成本倍数法，其计算步骤如下：

某道菜材料成本为 20 元，人员工资为 5 元，则其主要成本额为 20+5=25 元。设定主要成本率为 60%，则定价的成本倍数为 100%+ 60%= 1.66（倍）

菜品定价=主要成本额×倍数=25×1.66=41.5（元）

点评：

此方法的优点是简单易算、清楚易懂，但是餐饮经营除了主要成本（材料及人事费用）外，还会有其他的开销及变量会影响最后的利润所得，因此成本倍数法并非最理想的定价方式。

（2）目标收益率定价法

目标收益率定价法又称为目标利润定价法，或投资收益率定价法。它是在成本的基础上，按照目标收益率的高低来计算的一种方法。

其计算步骤如下：

第一步，确定目标收益率。目标收益率可表现为投资收益率、成本利润率、销售利润率、资金利润率等多种不同方式。

第二步，确定目标利润。由于目标收益率表现形式的多样性，目标利润的计算也不同，其计算公式为：

目标利润 = 总投资额 × 目标投资利润率

目标利润 = 总成本 × 目标成本利润率

目标利润 = 销售收入 × 目标销售利润率

目标利润 = 资金平均占用率 × 目标资金利润率

第三步，计算售价。

售价 =（总成本+目标利润）/预计销售量

目标收益率评定法的优点是可以保证企业既定目标利润的实现。这种方法一般是用于在市场上具有一定影响力的企业、市场占有率较高或具有垄断性质的企业。目标收益率评定法的缺点是只从卖方的利益出发，没有考虑竞争因素和市场需求的情况。

案例：

利润定价法是指以利润需求和菜品成本合并来计算定价。假设餐厅的年度预算如下：

预估菜品销售额为 30 000 元，操作费用（不含菜品成本）为 18 900 元，预期利润为 1 500 元。

预估菜品成本为 30 000-（18 900+1 500）=9 600（元）

计算出定价的成本倍数为 30 000/9 600≈3.13（倍）

如牛排的成本为 8 元，售价=菜品原料成本×倍数，则牛排的售价为 8×3.13≈25（元）

点评：

利润定价法的重点是将利润估算成所花费成本的一部分，以确保利润、提高经营效率。

（3）需求导向定价法

需求导向定价法，即根据顾客对餐饮产品价值的认知程度和需求程度来确定价格的方法。

理解价值定位法又称为觉察价值定价法，它是根据顾客所理解的餐饮产品的价值，或是根据顾客的价值观念来制订产品价格的一种方法。餐饮企业在利用这种方法定价时，主要是利用市场营销组合中的非价格因素向顾客进行示范，使他们对产品形成一种较高的观念，然后再根据这种价值观念制订价格。餐饮企业的非价格因素包括餐厅所提供的食品、饮料以及服务、广告推销等。这种价值模式的形成对产品的价格水平和加快产品市场接纳速度非常重要。

区分需求定价法，即餐饮企业根据顾客需求强度的不同，对同一产品采取不同的价格，以适应不同顾客不同需求的一种灵活的定价方式。在这里，价格差异的基础是顾客需求、顾客的购买心理、产品种类、地区差别及时间差别等。跨国经营的连锁店一般都采取统一的价格，由于存在地域差别、消费水平差别，需要根据实际情况适当调整价格。

（4）竞争导向定价法

竞争导向定价法，即餐饮企业以竞争对手的价格为定价依据的定价方法。它的两种主要的做法如下：

第一，竞争参照定价法。即餐饮企业在制订价格时，对照竞争价格，并以此为基础确定本企业价格的方法。这一价格可以与竞争价格相同，也可以低于或高于竞争企业的价格。

第二，随行就市法又称为流行水准定价。这是以竞争为中心的定价法中被餐饮企业广泛接受的最简单的一种方法。餐饮企业的产品价格保持与同行业平均价格水平一致。这种定价方法容易与同行业和平相处，保持友好的关系，避免激烈的竞争。

（5）科学定价法

单独按照前四种定价方法进行定价也不是一个科学的定价方法。例如，隔壁烧鹅是品牌，而你经营的是家常菜，对方的一盘素炒青菜就肯定不能成为你的定价参考标准，因为这里面有主次之分。试想，烧鹅定价高了，为了提高市场竞争，其他辅菜的价格就不可能再定高；反之，招牌菜是家常菜，定价低了，其他的高档菜种类定价自然就不会低。

你如果反其道而行之，亏损的自然是你自己。所以如果要避免单独按照前四种定价方法的缺陷，就要在每种定价方法中加入一些其他元素，使菜品定价更加科学合理。

总结：

总之，菜品的定价既要科学，又要灵活：科学在于一定要充分保证企业利益和顾客诉求；灵活在于要针对顾客不同的心理感受，不同的时间、地点，不同的消费水平、方式来区别定价。总体而言，多维度综合判断总比简单臆测更为准确，也更容易让顾客买单。

第二部分

餐饮运营,科学管理

第五章

餐饮营销——用创意引爆生意

目前，餐饮业的经营环境更加严峻，为了业绩的增长或保有市场占有的优势，做营销及促销活动是必需的、也是最重要的手段之一，所以餐厅一定要做好营销管理。只有这样，才能在市场竞争中，时时处处掌握先机，处于不败之地。

1. 餐饮企业传统营销手段

餐饮企业最传统的营销手段有哪些呢？

服务员要熟悉菜单上的每个菜品，熟悉各菜品的主料、配料、烹调方法和味道。为此，餐厅在对服务员进行培训时，可由厨师讲解菜品，并让服务员品尝。

（1）主动介绍菜品

菜品的介绍要能调动顾客的购买动机。服务员在向顾客介绍时，除了介绍菜品的配料外，还要强调菜品的烹调特点，强调菜品由哪些名厨烹调，使顾客产生品尝的欲望。如果菜品名称带些典故和来历，服务员一定要结合菜品的典故和来历做生动的介绍，以引起顾客的兴趣。这样推销的效果比较好。

（2）适时推荐高价菜品

有人说："做服务员有什么难的，顾客点什么就记什么，等做好后再端上来，不就行了吗？"

这里所说的"点什么就记什么"属于自动销售。

在这种点菜方式中，顾客主动点菜，服务员是被动接受点菜，没有主动地通过介绍、推荐菜品来影响顾客的选择。这种销售当然最容易，服务员对推销所做的贡献也是最小的。

如果看出顾客在点菜时犹豫不定，服务员应适时介绍、推荐高价菜品；如果顾客主动让服务员推荐 8 个菜肴，那就更方便了。

（3）体谅顾客，关心顾客

如果餐厅只以提高销售额、推荐高价菜品为营销目标，那就大错特错了。要牢记，营销的目标是向顾客提供满意的产品和服务。评价一项服务好坏的标准，不是看其是否遵循服务标准和规范，而是看顾客是否满意。所以餐厅服务员要善解人意，要体谅并关心顾客。

（4）人员推销具体方法

顾客点菜是服务员促销的最好时机。

在顾客点菜时，服务员应主动向顾客提出各种建议，促使就餐顾客的消费数目增多或消费价值更高。一般可采用以下方法：

第一，形象解剖法。服务员在顾客点菜时，用生动的语言形容、描绘菜点的形象和特点，使顾客对此产生好感，从而引发食欲，达到促销的目的。

第二，除法技术。对一些价格较高的菜品，有些顾客会产生畏惧心理。如 180 元一盘的碧绿炒澳带，顾客会感到太贵。服务员便可向顾客解释，"这道菜你们桌 10 人同享，平均每人才花 18 元"。这样顾客就会觉得其实不贵，从而产生购买欲望。

第三，提供两种可能性。针对有些顾客求名贵、讲阔气或求价廉的心理，为他们提供两种不同价格的菜品，任其挑选，由此满足不同的需求。

第四，利用第三者的意见。即借助社会上有地位、有影响的著名人士对其菜品的评价，来证明其高质量、公道的价格，让顾客感到值得购买。

第五，代客下决心。当顾客想点某道菜，但心里还有些犹豫时，服务员可说："这样，这道菜我关照师傅一下，保您满意。"

2. "互联网+"时代的另类餐饮营销

新的传播入口总是比老入口的效率更高、成本更低、流量更大。这一点很容易理解，就像无论多大体量的纸媒都在纷纷转型做新媒体，许多传统媒体人都纷纷转行自立门户，比如罗振宇做"罗辑思维"。

伴随着新媒体平台的快速崛起，一种全新的餐饮营销方式也由此诞生——新媒体营销。顾名思义，新媒体营销就是指一种利用新媒体平台为品牌做营销的模式。在网络媒体的冲击之下，众多餐饮品牌开始广开渠道：微博、微信公众号、直播平台、知乎、百度知道、搜狗问问……

一时间，新媒体营销成为众多餐饮品牌争抢的香饽饽，大有不做新媒体营销就跟不上时代发展的脚步之势。下面介绍餐饮企业使用频度最高的三种新媒体运营方式。

（1）运营微信群

所谓社群营销，就是通过个人或社群，将有共同兴趣爱好的人聚集在一起，通过口碑传播汇聚人群，口碑在扩散的过程，来与目标客户群创造长期沟通管道的社会化过程。

微信营销，就是微社群营销，将广大兴趣相同的网友聚集在一起展开营销，那么怎么做好微社群营销呢？

社群是通过兴趣爱好所建立的一个圈子，社群营销是通过这个圈子的人对圈子的信任而产生的营销模式。

要想做好社群，首先要清楚自己为什么做社群，你能给大家带来什么。只有保证产品或服务的品质，让人信任，社群才会是一个有情感、有温度、持久的、不断壮大的关系网，你的推广才能得到发展。

建立好社群之后的工作就是维护好社群。不管什么社群，定期举办社群活动增加大家的黏性，让60%的社群成员都可以参与进来，活动还需要分为常规活动与非常规活动，常规活动是让用户对群忠诚、热爱，非常规活动是宣传群的好机会。

在维护群的时候，一定要给群成员找到自己在群内所扮演的角色，要让大家有参与感，让每一个成员都清楚地知道自己是里面的一分子，而不是一个路人。

建立属于自己的社群，利用或者成为社群的意见领袖，在做粉丝营销的时候不要把你的产品卖给所有人。一定要挑选用户，千万不要以为你的产品或者服务适合所有的人，因为有部分人并不能充分体验产品或者服务，这样反而会造成不好的影响，影响口碑传播。

在考虑运营微信群时，餐厅经营者必须想明白以下几个问题：

第一，为什么要运营微信群？餐厅需要微信群的原因只有一个：当线下关系无法满足品牌传播时，线上关系便是必须要付出和维护的。请记住，微信群的意义只有一个——聚集一群有相同爱好、相同地域、相同需求等属性的人。

第二，谁是你的粉丝？很多微信群之所以成为僵尸群（终日沉默的无效微信群），很大一部分是因为"共同情感"的缺失。这种情感既需要先天存在，也需要后天维护。

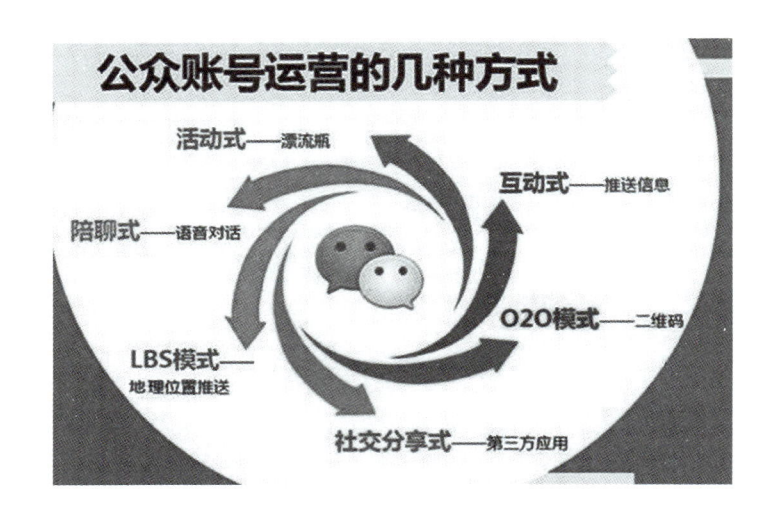

一个餐饮品牌微信群的正确粉丝聚集方式有以下几种：

- 具有品牌忠诚度，对品牌价值观高度认同（这种对品牌膜拜式的社群，往往需要餐饮品牌有超强的感召力）。
- 由于品牌价值观的传递，聚集了一群有共同爱好的人。他们聊的内容可能和品牌没有太大关系，但门店成为他们的聚集点。
- 和老板关系非同一般，既是顾客，也是朋友。这种社群往往较为小众，规模不会太大。
- 有相同而单纯的目标，比如"订座""抢饭""限时优惠"等。虽然看似庸俗，却能充分解决某一个具体需求。

第三，微信群的规模多大才合适？在微信群运营中，你需要的是核心粉丝群，而不是全部粉丝群。无论一个群有多么活跃，它同时在线的聊天人数一般不会超过5个。试想一下，超过5个人在你耳边同时说话，是多么"喧闹"的场景。如果餐厅运营的是500人的大群（微信群的上限是500人），剩下的495人会因不堪其扰而屏蔽掉这个群。久而久之，这个群也就变成了僵尸群。

小群的意义则完全不同。再试想一下，当你和499人同处一室的时候，你可能最多只会选择认识周围的一两个人；而当这间屋子里只有10个人的时候，你可能会尝试认识所有人，而不会感觉有压力或者反感。

所以，当餐厅经营者希望构建一个社群进行新媒体营销时，请构建一个由真正铁粉组成的种子用户小群，而不要尝试做几个毫无用处的超级大群。

拓展阅读：

弄清楚运营微信群的关键：

- 有明确的目标。餐厅经营者可以将群的功能作为微信群的名字——订餐打折群、每周抽奖群、当日秒杀群等，令人一目了然。

案例：

乐凯撒是深圳一家主打榴梿比萨的超人气餐厅，从 2009 年创立至今，已在全国开店 75 家，平均翻台率保持在 10 次以上。乐凯撒如此迅速发展的原因，除了其产品过硬之外，还离不开营销的支持。

创始人陈宁一直以来的重视，让乐凯撒在营销方面玩出了自己的花样：在新品上市、限时促销和重要门店开业等时间节点，乐凯撒会在微信、微博和线下全渠道进行集中爆发性的投放，其中微信的比例为 30% 左右。

乐凯撒选择的微信公众号以在沪、广、深当地具有地域属性和符合客群定位的美食微信公众号为主，原因在于具有地域属性的公众号辐射的都是区域内的用户，而全国性的自媒体的点击量可能会更高，但对于餐饮企业而言，到店消费才是实打实的转化率。

点评：

多渠道展开的好处不言而喻，曝光率高、关注量大，尤其是在新店开业的引流方面。乐凯撒每进行一次多渠道营销，便会让餐厅的周营收增长 20% 左右，有时甚至可以达到 30%。

（3）打破常规做细化的直播体验

互联网化和视觉化逐渐成为主流营销方式，视频化也逐渐成为企业与消费者沟通和互动的最有效方式之一。视频形式具有立体表达的特点，同时记忆度高，可以快速抓住用户的眼球。直播的出现更是让营销出现了质的变化，更多企业加入了直播大军。

越来越多的餐饮企业需要立体营销平台。

在直播中，主播可以亲自体验产品，这种方式本身就是一种独特的体验。透过镜头，用户可以清晰地看到主播如何享受美食，然后决定自己是不是要去消费。但是为了更好地给用户带去体验，企业还可以在亲自试验产品时，征求用户的意见，然后再根据用户的想法进行下一步"试验"。

例如，某家酒店，为了能够获得用户的好感，邀请了多位网红做直播，在直播中，网红深入酒店的样间。在样间中，网红除了给用户清晰地呈现了酒店的设计、构造和装饰之外，还特别在这个过程中征求用户的意见。比如有些用户认为可以直播一下阳台情况，直播一下电器的插头、地板等各种细节上的问题。还有些用户会要求网红躺在床上体验卧室的感觉，或者躺在沙发中看电视的样子……网红都一一根据用户提出的意见做到了完美呈现，这样的方式就让用户完全感受到了这家酒店的详细信息。

因此可以看出，在当今直播盛行之下，只有打破常规的细化营销，才能完全符合用户的要求，为企业带来更高效的营销。

3. 餐饮营销活动策划

所谓餐饮营销活动策划，是指餐厅为提高品牌知名度和影响力而设计或参加的一系列大型社会或商业活动。这是餐厅获得顾客认可和进行市场拓展的一个重要过程。

从生意的角度讲，活动营销对于餐厅而言无疑具有十分重要的意义：吸引新顾客进店（拉新），促使老顾客再次进店（复购），直接提高销售额和毛利（多赚钱）。

成功的餐饮生意，是对投入产出比的把握，是无数次成功营销的累积。怎样才能策划一场行之有效的活动营销？这是困扰无数餐厅经营者的一大难题。

为了解决这一难题，经营者需要对活动营销方案的五大维度做到心中有数，这样才能事半功倍。

（1）活动目的：餐厅为什么要做活动

餐厅经营者必须弄清一点：活动营销绝非越多越好。餐厅活动过多，极有可能引发冲突。比如，A 活动与 B 活动不能同享，B 活动和 C 活动又不能同享……这样一来，不仅会增加顾客的选择难度，还会大大增加餐厅员工的工作量，降低服务水平，进而使顾客的消费体验大打折扣，影响餐厅的声誉。

因此，活动营销贵精不贵多。通常情况下，同一周期内的活动以一两种为佳，最好不要超过三种，这样可以让顾客轻松愉悦地享受优惠服务。这就要求餐厅经营者在每次策划活动营销之前，一定要明确自己本次活动的目的：是拉新、留客、与对手竞争，还是为了发展管理会员？总之，不同的活动内容更达到的一定是不同的营销目的，绝非营销手段的简单叠加。

（2）活动内容：为谁做活动

在明确了活动营销目的之后，就要对活动的对象做出明确的划分。只有掌握好合适的力度，才能让餐厅经营者在保障自身利益的基础上，充分满足顾客的"得实惠"心理。这就要求餐厅经营者必须清晰自己的用户画像，达到"用户即会员"的精准效果。

一般来说，一次成功的活动营销至少包含三个条件："优惠幅度+消费门槛+有效期限"。

- 优惠幅度。优惠额到底应该是 10 元、50 元，还是 100 元？这决不是餐厅经营者一拍脑袋就能定出的数字，而应根据业态情况、客单价以及活动类型而定。
- 消费门槛。不该是每个顾客都能享有优惠额，而应设置一定的消费门槛，以便餐厅拦住那些单纯贪小便宜的无效顾客，避免使活动沦为"赔本赚吆喝"。当然，消费门槛也不能定得太高，否则精准顾客也会被拒之门外。
- 有效期限。活动有效期应该设置为 25 天、30 天，还是 40 天？

这需要餐厅经营者结合顾客的平均消费周期设定有效期，绝非一件容易的事情。有效期太长，可能会导致顾客不重视；有效期太短，顾客又很可能还来不及响应活动就过期了。如果餐厅的老会员比较多，建议将有效期设置得短一些，这样能够有效提高顾客的消费频次。

（3）活动类型：哪种活动更适合

对于翻台率不高的餐厅来讲，怎样留住顾客才是最主要的问题。因此，餐厅经营者在设计活动方案时，要注意给顾客一个再来的理由。具体可以采用"消费送"的方式：顾客来店消费就可获得餐厅送出的相应金额的优惠券，以此激励顾客的二次消费，进而培养顾客的消费习惯。

优惠券面额要根据餐厅类型来定，一般来说，中餐的优惠券面额以客单价的 20%为宜，快餐的优惠券面额不要超过客单价的 15%，而轻奢餐的优惠券面额最好定在客单价的 30%左右。

对于客单价不高的餐厅来说，提高桌均消费额以此带动收入才是活动营销最主要的任务。餐厅可以采取"满返券"的方式，根据顾客的平均消费次数设置一个激励档位，利用赠券带动平常桌均消费额度，赠券面额参考同上。

（4）活动流程：活动应该如何执行

活动策划得再科学，也必须要靠落地来实现营销效果。通常来说，活动的实施和执行应从以下三个方面进行：

- ◆ 网络平台宣传，包括企业公众号、官网和第三方平台等。
- ◆ 物料宣传，包括平面媒体、周围商圈、DM 传单、门店物料等方面。
- ◆ 口头宣传。这一点主要说的是标准口令的确定，要知道无论前期活动策划得多么尽善尽美，也可能被服务员或者收银员的一句丧气话抵消。

以上三种方式，辐射面最广的是网络平台宣传，质量最高的是口头宣传。需要注意的是，如果服务员不熟悉话术、不熟悉用券核销的流程，或者对数据完全不进行跟踪，也会极大影响活动的效果。

这就需要餐厅经营者关注以下两个关键环节：

- 首先，标准的培训流程。保证每一位执行者对活动内容都清楚明白，培训的层级不单是员工层，连锁餐饮企业营运的各个层级都应对活动内容充分了解。
- 其次，明确的任务指标和奖惩措施。有执行就要有任务指标，也必须有奖惩政策。对于员工层，餐厅应该只奖不罚，奖惩主要落在管理者身上，以确保执行、监督等层面各司其职。

（5）活动效果：如何评判活动效果

一直以来，很多餐厅经营者在对自己组织策划的营销活动效果进行评判时，要么缺乏一个明确的评估标准，要么全凭感觉，这就导致活动效果存在很强的不确定性。

事实上，真正明智的做法应该是"用数据说话"。只有数据才最具说服力，才能让餐厅经营者明白活动效果好坏的节点位置，并有针对性地做出调整，降低盲目营销的概率。

通常情况下，我们可以根据"响应率"这一参数对活动营销的效果做出评判。所谓响应率，就是顾客对于活动营销的响应情况，这一点与实际用券占比息息相关，即：

$$响应率 = 用券数 \div 发券数$$

如果标准的响应率按 10% 计算（应取餐厅历次营销活动数据的平均值统计），某次活动营销的响应率高于 10%，则说明营销效果相对良好；反之，则说明营销效果还有待加强。

案例：

某餐厅策划了一次"满100元赠20元"的"满返券"活动，有效期为30天，活动期内总共放券23 500张，用券1 243张，营销收入186 450元。

该活动的响应率 = 1 243 ÷ 23 500 × 100% ≈ 5.3%

参考目前市场综合响应率 10%来看，该活动的响应率偏低，这也意味着此次活动营销的效果欠佳，需要餐厅经营者总结原因，以期再次举办类似活动时获取较高的响应率。

总结：

活动营销远非送出几张优惠券那么容易。一次好的活动营销，离不开精心策划、有效落实以及数据分析等各个环节。活动营销做得如何，决不在于创意是否精彩、时机是否到位，更在于商业效果是否达成，所以复盘工作一定需要紧跟活动，为未来决策积累数据与经验。

4. 做好餐厅的营销宣传

餐厅的营销不能仅坐等顾客上门，同样需要选择合适的媒介进行宣传。在当今社会，传播媒介呈现多样化，不同媒介所针对的受众和辐射范围有所不同。电视、广播、报纸、杂志、商业信函、宣传品、户外广告、流动交通广告等众多媒体和宣传途径，往往让餐厅在做抉择时，犹豫不决，无所适从。

一些餐厅虽然经常在某些媒体广告上出现，但效果并不理想。哪些是餐厅营销推广的有效手段？

（1）传单虽小，效果却大

相较于公交站牌广告位、地铁广告位、写字楼 LED 显示屏来说，发传单无疑是餐厅最经济易行的营销方式之一。但为什么有的传单能够明显增加餐厅的顾客，而有的传单发出之后却总是被塞满拐角的垃圾桶？

发传单不难，发对传单却不简单。发传单就好比在挑选合适的结婚对象：在合适的时间和合适的地点发给合适的人，就是一次成功的传单营销，发传单应注意以下三大层面：

第一，设计层面：突出重点。传单营销的最大作用，就是在第一时间找到潜在顾客，传达餐厅经营者最想让顾客知道的信息，切忌大而全。在设计传单时，一定要重点突出想让顾客记住的主题，比如开业或者打折。关键词切忌过多，什么都想说等于什么都没说。

当然，简洁并不意味着简单。如果你的传单简单到连一张图片都没有，它的问题就会逐渐显露。当潜在顾客在看到传单的 3 秒钟内都不会产生明显的进餐欲望时，再好看的设计也无非就是一张纸，摆脱不了被丢进垃圾桶的命运。

第二，投放层面：选定人群。在这个营销过度的时代，广撒网是一种效率很低的传单营销模式，很难让传单精准到达潜在顾客的手中。只有将传单准确投给目标顾客，才能事半功倍。

第三，执行层面：到达目标。

说到底，传单还得靠推销人员送到潜在顾客的手里，所以最后这一环同样重要。餐厅发单员往往会在匆忙来往的人群面前不知所措，不知如何才能将传单精准地发放到目标顾客的手中。此时，不妨使用以下几个技巧。

根据人群流动特性选点：较好的传单发放位置，拥有最多的通过人群。需要注意的是，并不是所有人流量大的地方都适合发放传单，比如地铁口附近、公交车站附近、电梯升降口附近等。这些地方的人流量虽然很大，但受到各种因素的限制，并不适合派发传单。

与潜在顾客互动：设计了绝佳的传单，选择了潜在顾客群和发放环境，并不意味着传单营销的结束，发单员跟潜在顾客的互动也是关系到传单营销成败的重要元素之一。

资料链接：

如何与潜在顾客互动？

保持微笑：发单员需要用微笑和潜在顾客有短暂的目光接触，然后递上传单。这样一来，传单被马上扔掉的概率会降低很多。

第一句话：当发单员递上传单时，为了吸引潜在顾客的注意力经常都会说一句话，这句话对于潜在顾客能否注意手中的传单起着巨大的作用。对于不同的潜在顾客，有效的第一句话不尽相同。具体应该怎么说，需要通过实际效果进行总结。总的原则是，要说明餐厅能让潜在顾客占到何种便宜。

最后一张：如果发单员所在的位置有很多其他机构也在发放传单，这时需要发单员巧妙地调整自己的位置。一般来说，人们会将传单依次放到手中，能一眼看到的无疑是最后一张。因此，发单员应该稍微离开其他机构的传单发放点，根据人流走向，站在所有发放传单人员的最后面。这样一来，便有机会和潜在顾客多聊几句，引起他们的注意。

说五句话：这是通俗的说法，指的是发单员应该和潜在顾客多聊几句，但也不宜过多，一般而言，说五句比较合适。传单应在一定时间内尽量送到更多的潜在顾客手中，发单员不应在一个潜在顾客身上花费过多的时间。要知道，后面还有其他潜在顾客正源源不断地经过发单员的身边。再有，言多必失。发单员大多为临时招聘，对餐厅具体情况缺乏深度了解，说多了容易失言。

总结：

总而言之，发传单这件看似简单的事情，其实并不像想象中的那么简单。作为最简单的营销方式，其背后蕴藏着一套非常复杂的逻辑。发单人员只要能够掌握正确的方法，发传单也能够成为餐厅的营销利器！

（2）布面：全面布局传播渠道

第一，KOL（关键意见领袖）。

案例：

在某档创投节目中，一名来自美国华尔街的创业者分享了他在创业初期选择的市场战略——想尽各种办法，将自己的产品交到好莱坞一半以上的女星手中，让她们免费体验，以期获得她们对产品的评价。

这种借势 KOL 的做法得到了傅盛、童士豪、朱烨等著名投资人的一致好评，因为相比靠补贴砸市场的营销方式，借势营销往往具有更高的转化率。

KOL 绝不仅限于明星或大 V，如果餐厅经营者肯花时间，总能以最小的代价找到当地的足球社群和足球领袖。他们在球迷这个垂直领域的影响力，甚至超过一些公众人物，将自己打造为 KOL 也是一个不错的选择，比如某家餐厅的运营者出于对足球的热爱，自创了运动社群，持续经营，慢慢地在足球圈内形成了一定的影响力。

第二，媒体。

餐厅经营者一定要能够充分理解媒体，让其为己所用。首先是自媒体，也就是餐厅自己的公众号。如果餐厅的经营者想让其拥有传播价值，切记两点：一是福利，二是便利。如果一个公众号除了发布消息，没有任何可操作的购买渠道和福利发布通道，那么就意味着这是一个无效的传播工具。

如果这一个公众号具备购买、沟通、福利等功能，那么它就是有效的传播工具。比如，餐厅经营者可以配合这些便利功能，发布自己为欧洲杯准备的福利。

口碑媒体也是不可忽视的重要渠道之一，它们往往垂直于某一领域，内容相对全是软文、硬广的付费媒体更有说服力，这是花钱也买不到的传播渠道。唯一的做法就是通过每一次借势营销传达自己的品牌价值，并与其建立联系。

第三，自发传播。

资料链接：

20 世纪 60 年代，哈佛大学的一位社会心理学家设计了一个连锁信件实验。他将一套连锁信件随机发送给居住在内布拉斯加州奥马哈的 160 个人，信中有一个波士顿股票经纪人的名字，还要求每个收信人将这套信寄给自己认为比较接近的那个股票经纪人的朋友，确保朋友收信后会照此办理。

最终，大部分信在经过五六个步骤后都到了该股票经纪人手中。这就是著名的"六度空间"实验。

福利绝不简单等同于促销，用价格换流量是对品牌的一种伤害。如果经营者想要打造一个有影响力的餐饮品牌，不妨效仿"六度空间"的玩法。顾客与顾客之间的口碑传播，才是一家餐厅"温度"的体现。

俗语说："一口不能吃成个胖子"，应用到餐饮营销领域中就是不要企图通过某次借势营销招徕到所有的顾客。借势营销的前提是经营者明白餐厅自身的品牌定位，就像一个专攻老年餐饮的餐厅不适合借欧洲杯话题大做文章一样，找准目标群体是借势营销首先要明确的问题。

5. 合理的折扣与销售

价格折扣，是指在某段时间内，餐厅每次消费都给予低于定价的直接折扣。这一方式鼓励了消费者的消费。折扣促销对于提高消费者对餐厅的注意力，以及在促进销售方面极为有效。折扣促销还可以鼓励消费者点餐时，选择一些以往售价比较高的菜品，其核心内涵是：餐厅让利，顾客省钱，双方共赢。

（1）折扣促销的时机

一般来说，采取折扣促销的时机有以下一些：

- ◆ 当餐厅纪念店庆时，采取折扣促销酬谢顾客；
- ◆ 餐厅推出新菜品时，为唤起顾客的需求，增加持续销售量，折扣促销可以实现这一目标；
- ◆ 当竞争对手采取促销活动时，折扣促销可以充作对抗价格竞争的有力武器；
- ◆ 可以借减价优惠活动，招徕大批顾客，刺激顾客进行消费；
- ◆ 当餐厅为了加快资金周转，加速资金回收力度时；
- ◆ 当重大节假日来临时，可以开展折扣促销活动吸引顾客。

（2）折扣促销的优点

- 优惠促销，从而鼓励消费者到店就餐；
- 稳定现有顾客，促进销售升级；
- 促使初次试用者通过折扣促销产生到店消费的强烈欲望；
- 折扣促销具有较高的弹性，餐厅可以完全掌握促销活动的每一个环节。

（3）折扣促销的缺点

对于营业状况不佳的餐厅来讲，折扣促销只能短暂地使其销售回升，却无法扭转其已有的趋势，因此无法从根本上解决问题。

- 只能暂时提高顾客的关注度，须经常给予较高的折扣优惠，才能吸引消费者再次光顾；
- 折扣促销并不能使消费者产生品牌忠诚度；
- 折扣促销不易吸引初次到店消费者，而且经常举办折扣促销还会损坏餐厅的形象，从而影响销售量。

（4）折扣促销的形式

餐厅的折扣促销活动，关键在于必须让消费者知道菜品减价多少，以此来决定自己是否消费。折扣促销的常用形式有以下几种：

- 利用折扣券促销：折扣券是一种古老而现在仍然风行且有效的促销工具，它采用向潜在顾客发送一定面额的有价证券的方式，持券人在到店消费时，可凭券享受折扣优惠。
- 会员卡回扣促销：向消费者发放会员卡，使消费者利用会员卡来餐厅消费，凭借购物卡中的积分享受一定的价格优惠或折扣。

- 买一送一：就是提供两个以上的商品用来做折扣促销，例如，啤酒"买一送一"或"买二送二"就属于这种促销方式。
- 价格折让：以此作为餐厅同意给消费者一定的折扣。比如，凡在本店消费，全场商品9折促销。

6. 节假日的餐饮营销

年年岁岁"节"相似，岁岁年年"市"不同。近几年，餐厅对于节日活动越来越敏感，连白色情人节、七夕节这种原本并没有多少存在感的节日，都被打造成促销噱头，消费者也慢慢地被培养出节日消费的仪式感。甚至，连"双十一"这样与节日没有任何关系的日子，硬是被商家造出一个"购物节"来。

无论什么节日的营销，节日本身都只是一个发起营销活动的借口而已。利用节日进行促销是从古至今，百试不爽的营销手段之一。大量商家会在这一天推出优惠、折扣。随着顾客眼光的日益挑剔，大部分节日营销其实只是赚了吆喝，并没有对餐厅提升营业额产生实际帮助，往往事倍功半。因此，如何实现从"节日营销"到"节日赢销"的转变，是餐厅经营者需要关注的重要问题。

有研究表明，消费者对品牌认知经历的七个阶段：不认知产品→认知产品→产生购买意愿→产生购买行为→加深对品牌的感知→有再次购买意愿→成为首选品牌。

因此，从餐厅角度出发，节日营销不应再是打个折、做个广告、搞个团购这些老套路，应该围绕以"顾客为中心"展开。提高节日业绩只是一方面，更重要的是夯实并扩大顾客基础。通过充分挖掘情感卖点，激发和满足消费者的情感需求，让顾客在消费过程中感受到餐厅的真诚服务，以此赢得顾客的信任。要知道，节日营销是整个营销规划的一部分，而不仅是短期的售卖活动。

在进行节日营销之前，餐厅经营者有必要了解一下节日营销的5W模式，根据自己的产品特点选择合适的营销策略：何时（when，节前几周开始实施活动计划）；何地（where，通过超市卖场，还是其他途径）；通过何种方式（which，确定传播方式）；要解决什么问题（what，适合节日的主题）；向谁传达（who，大众消费者还是某固定群体）。

具体来说，节日营销需要注意以下几点：

第一，正确理解节日。既是节日，必有"节气"。餐厅经营者可以在此基础上进一步挖掘出消费者对于每个"节气"的独特印象，如顾客对春节的印象就是传统、鞭炮、团聚、拜年、压岁钱，这些是春节营销的起点。说起情人节，顾客的印象则大多为玫瑰花和巧克力。

第二，把节日当成事件。如果餐厅经营者仅仅将节日营销视为节日当天进行的营销活动，便只是一个时点性营销，不能维持。如果将节日看成一次事件，便有了从节前序幕到节日高潮再到节后谢幕的周期。

那些收效甚微的节日营销通常都是餐厅经营者临时出招的游击战，而成功的节日营销通常提前两个月就开始策划，提前一个月拉开序幕，因为这需要借助其他平台和渠道的流量。做好团队内部的反复推敲与磨合还不够，关键还得提前预约广告位。

第三，善用连环假日。连环假日最能体现中外节日文化对顾客消费的影响，时间跨度比较长，中间能够形成几个营销高潮。

连环假日包括：感恩节、圣诞节、元旦、春节、元宵节、情人节、教师节、中秋节、国庆节、五一节、母亲节、六一儿童节。善用连环假日，需要餐厅经营者统一策划连环节日，推出环环相扣、高潮迭起的一系列营销活动。

第四，人为"造节"。俗话说得好："有机会得上，没机会创造机会也得上。"对于餐饮老板而言，所谓的创造机会就是指"造节"。提起"造节"，我们不得不提阿里巴巴旗下的电商品牌——天猫，搞出"双十一"这样的购物节。

案例：

在人为"造节"方面，国内餐饮行业也不甘示弱，三家外卖巨头为我们提供了成功的示范。比如，美团"5·17吃货狂欢节"、饿了么"5·17饿货节"、百度糯米"5·17吃货节"。为何选择5月17日这天？此日期本无任何特别，只因5·17是"我要吃"的谐音，再加上三大品牌合作造势形成了广泛传播，使之广泛传播，一举成为外卖界的"双十一"。

西贝莜面村的"亲嘴打折节"

当很多企业打着传统节日的名义促销时，一些颇具前瞻性眼光的企业已经在营造专属的节日。比如淘宝的"双十一购物狂欢节"、小米的"米粉节"等。在餐饮业，西贝莜面村也打"亲嘴打折节"，造了一个属于自己的营销狂欢日。

"亲嘴打折节"的创意最早出现在 2015 年年底，主要内容为消费者用不同的接吻方式换取折扣力度不一的用餐打折券，在西方情人节当日享受相应折扣。2016 年 2 月 14 日，第一届"亲嘴打折节"正式举办，2017 年的第二届、2018 年的第三届"亲嘴打折节"加大了执行力度，赢得了顾客和业界的一致好评。

7. 营销新大陆：餐饮界的"抖音款"爆红

当下，市场传播早已经不是电视台广告，或者登报纸、杂志等，甚至连微博、微信都有点"过时"。时下最流行的抖音，或者你没有关注它火不火,但是"抖音上的美食"——海底捞花式吃法刷屏、CoCo卖断货,你就不得不在意了。

抖音这个后起之秀,连微博、快手都被"打"得措手不及,成为流量洼地。

年轻人最喜欢追赶潮流,抖音火了,抖音这么炫酷的表达方式,已经成为互联网营销的新大陆,引得众多餐饮品牌纷纷着陆。

(1)海底捞与各类奶茶相继走红

有网友拍下自己在海底捞的独特吃法视频,并发到抖音上而被广泛传播。

"一碗米饭,加上配料台上提供的牛肉粒、火锅番茄底料,一碗只需3块钱的美味牛肉饭出炉了",这个短视频迅速爆红,并一时成为海底捞就餐的"标配"。

又有网友在抖音视频中介绍了网红奶茶的"秘密"配方——糖奶茶、青稞、布丁、少冰、无糖,就获得了20万次的点赞数量,并引起连锁反应,网友纷纷蜂拥而至CoCo门店买网红款奶茶。

同样，郑州一家名不见经传的奶茶品牌——"答案"，通过抖音推广，忽然门店销售火爆，不排队都买不到奶茶。

队伍从早到晚一眼望不到头，甚至有传言短短 2 个月，引来 237 家加盟。

（2）抖音成互联网营销新大陆

其实，海底捞推出"自制番茄牛肉饭"，并不是一时的发明，各种"吃穷海底捞"的方式，一直在美食论坛上被点评讨论，而这一次受到全国吃货的热捧，抖音可以说是居功至伟。

从 2018 年春节开始，抖音彻底火爆全国，数据统计，仅春节期间，抖音增长了近 3 000 万 DAU，最高日达到了 6 646 万，抖音呈现爆发式增长。

在人们的日常生活中，一日三餐是必不可少的场景，特别是春节，不吃吃喝喝哪里有过年的气氛！所以借着春节这个"东风"，抖音平台流量一下子爆发了，而首当其冲的就是一大波饮食的小视频。

抖音一时间变成了"舌尖上的抖音"，精品的餐饮品牌哪能错过这样一片营销的沃土？

"风口上的猪都能飞起来"，于是，各个餐饮品牌争相"上车"。比如，西贝鼓励员工以个人名义在抖音上展示。账号为"光哥"的西贝员工赵晨光，以自己在店中搓莜面的抖音视频，获得了超 60 万点赞量。再比如，巴奴毛肚火锅也迅速"上车"，在官微上征集"吃毛肚的最佳姿势"，并通过抖音进行传播。

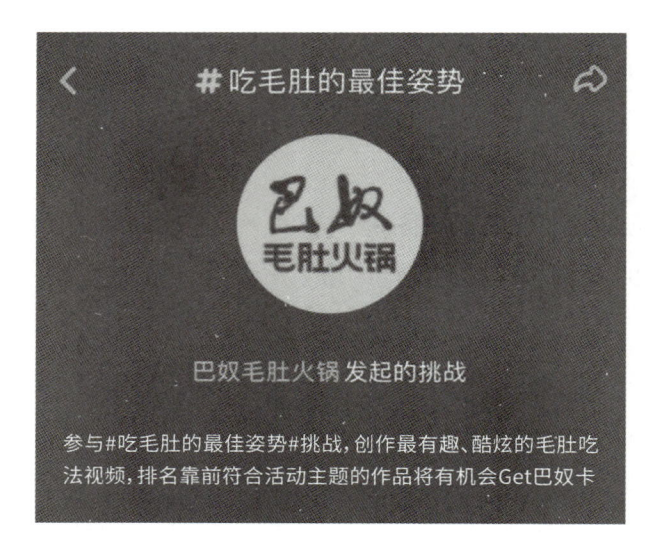

（3）餐饮品牌抖音营销的关键

分析抖音上爆红的餐饮案例，不难发现海底捞、CoCo 奶茶、答案茶、西贝、巴奴……它们的一个共同点——顾客在消费过程中，参与了食品的个性化组合搭配，简称 DIY。

当下 DIY 流行两大套路——豪吃、穷吃：

在人均消费不足 10 块钱的 CoCo 奶茶店，点上一杯普通奶茶，搭配一连串配料，形成一杯售价可能达几十块的饮品，此为豪吃；在海底捞人均消费过百的一家火锅店，来一碗 3 块钱的米饭，搭配不要钱的牛肉末和番茄汤，形成一道美食，此为穷吃。

相信这样的套路，会让更多的餐饮品牌参与其中，并迅速花样翻新。我们知道，互联网传播是病毒式、爆炸式，但是也有巨大的短板，那就是转化率低。比如，"百雀羚"曾在网络上投放了一个"神广告"：阅读量 3 000 万，但是转化率不到 0.008%。

怎么解决这个难题？

这就是"抖红 DIY"，简直完美打破了这个局面。平台上充满了参与感和创意的餐饮消费行为，搭配上时下最受欢迎的短视频形式，非常容易成为大家争相模仿的对象，立刻就带来了海量的线下转化。

（4）线下反哺线上

"海底捞番茄牛肉饭"在抖音上走红之后，立刻有部分海底捞门店要求前厅服务人员，在顾客到店消费时推荐"抖红款"。

在服务人员的推销之下，顾客的兴趣和创造力被激发出来，自己也想"抖一抖"，于是海底捞"抖红款"的隐藏菜单越来越长，不但抖红了蘸料，还抖红了海鲜粥……

服务人员对于这些"抖红款"，不但心领神会，还和顾客有一种奇妙的默契感，不信你看下图：

CoCo 奶茶立刻就把"网红套餐"作为一个单独的 SKU，设置在了外卖点单的目录上。线下奶茶店的点单员也相当机智，只要看见顾客边看手机边走上前来，就会询问是否要抖音款。

这是一种线上线下的双赢模式，线上营销引流，线下制订特定的流程和话术，可以促进其反流到线上，制造更多的连锁反应，不断延长营销的热度。

8. 餐饮企业网络团购营销

随着生活节奏的加快，人们越来越习惯于点外卖，因此还出现了一批将传统餐饮行业与新时期电子商务相结合的专业性外卖网站。有条件的餐厅可以打造自己的外卖队伍,用显著的标志、统一的着装和交通工具等将本店的招牌打出去。

近年来,团购餐饮以超低的折扣、便捷的购买方式等在都市白领中迅速蹿红。常见的团购网站有美团、百度糯米等。商家在团购网站进行促销时,一般采用的都是优惠折扣券,顾客可以购买优惠券后到店消费。

案例:

团购促销赚足人气

某餐厅在试营业期间,就尝试网上团购促销的方式。据该店内负责人介绍,因为店址位置比较偏僻,附近客流量不大。于是他就想到了在网络上征集团购消费者。"这样可以在很短的时间里迅速聚拢人气,节约一定的广告支出,解决客源问题。"

该店在某网站刚挂出3.8折的团购信息,结果一下就引爆了网友的热情。在没有任何其他宣传配合的情况下,从早上8点30分到晚上8点30分,仅12个小时就卖出了两千多份团购券。最终,由于合作网站的支付出现"堵车",该店不得不叫停该活动。

点评:

此次团购是该餐厅团购促销的第一次尝试,也是为了培养未来的回头客,所以在菜单的制订上也颇费心思。菜单按四人量核定,四个凉菜、三个热菜再加上一只烤鸡,菜品口味的搭配做到了满足老、中、青顾客的不同需求,不少团购顾客消费后都在网上留言称赞。尝到甜头的顾客又带着朋友和家人一起来消费,大大提升了该店的销售额。

网络集中促销模式区别于传统促销的根本原因就是网络本身的特性和消费者需求的个性回归。其核心是将原本以产品为中心的促销模式转变为以消费者为中心的促销模式。

从传播学的角度讲,互联网只能算作一种新兴的媒介,虽然这种媒介拥有传统媒介的大部分特点。然而网络的影响却不只这些，熟悉网络的人都明白，它所触及的不是技术也不是媒介，而是一种以信息为标志的生活方式，而消费者生活方式的变化必然导致市场促销手段的变化。

网络的这种异化力量表现在消费者心理上，至少产生了以下一些变化：

- ◆ 强调消费的个性化。消费者更多以个人心理愿望为基础挑选和购买商品或服务。
- ◆ 表现消费的主动性。消费者会主动通过各种可能的途径获取与商品有关的信息并进行分析比较。
- ◆ 要求购买的方便性。要求能更方便、更快捷地购物。
- ◆ 追求购买的娱乐性。希望购物能为他们带来乐趣，能满足他们的心理需求。

9. 餐饮企业品牌营销

优秀的营销总是创意当先，餐饮品牌想要做大做强、实现跨地域扩张，创意营销是不可或缺的重要手段之一。所谓创意营销，就是用具有创意的点子挖掘出顾客内心深处潜藏的真实需求，从而让餐厅品牌深入人心，这也是像麦当劳和肯德基这样的一线餐饮品牌常用的方法。

创意营销的底层是人性，弗洛伊德把人格划分为三个层次（本我、自我、超我），由此来对餐厅的创意营销进行划分。

（1）本我创意：主宰产品的传播价值

本我是人类潜藏于心底的天性，无法改变，比如爱吃美食、爱美，喜欢说走就走的旅行……这些都是人类与生俱来的生理本能，无须过度渲染。餐厅在策划"本我创意营销"时，出发点有两个：要么满足本我情绪，要么刺激本我情绪，进而获得爆炸性传播。

第五章 餐饮营销——用创意引爆生意

案例：

2016年5月，肯德基在香港推出了一款名为"点指回味"的可食用指甲油，采取限量供应的方式进行纯线下销售。这次创意营销的关键，在于用"能吃的指甲油"冲击大众普遍认知的食物本质，将一次产品创新成功地升级为社会话题，点燃了顾客自发传播的极大热情。

在尝到免费传播的甜头后，肯德基继而于2016年9月推出了3 000支上校鸡块味的防晒霜，免费供应。因其符合"本我刺激"的传播价值，再度刷爆朋友圈，成为线上话题产品，3个小时便被抢购一空。

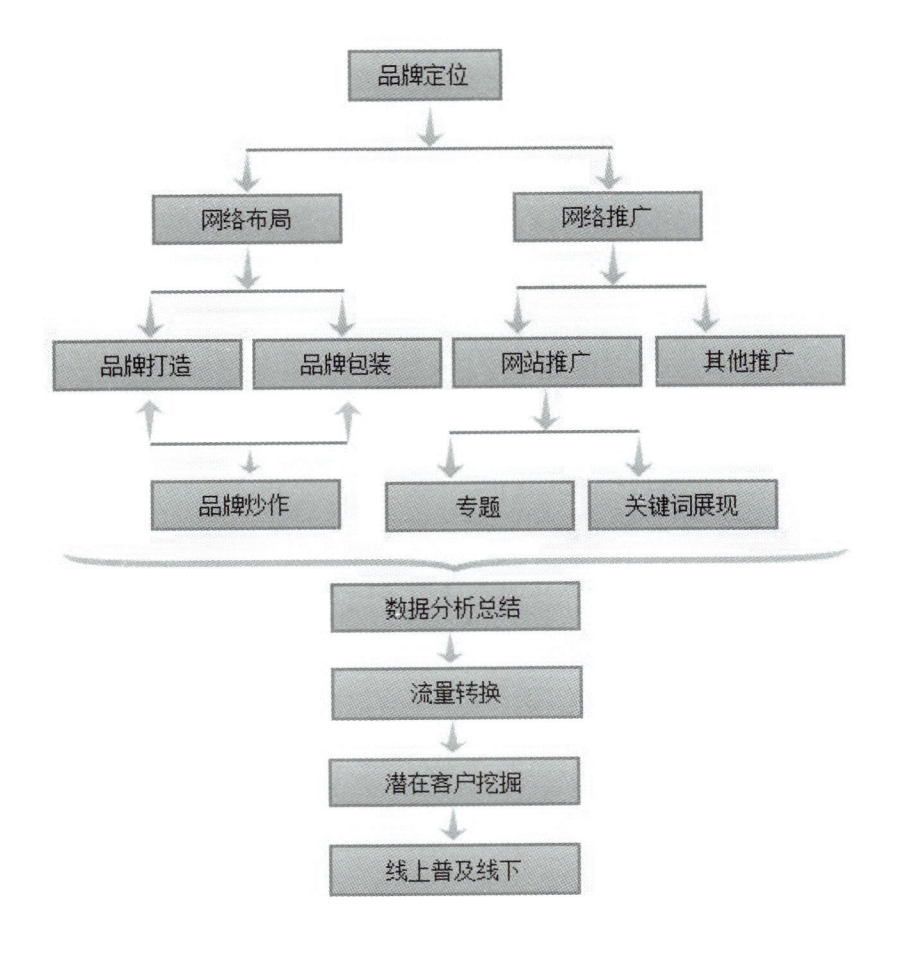

```
           品牌定位
              │
      ┌───────┴───────┐
      ▼               ▼
   网络布局         网络推广
      │               │
  ┌───┴───┐       ┌───┴───┐
  ▼       ▼       ▼       ▼
品牌打造 品牌包装  网站推广  其他推广
  ▲       ▲       │
  └───┬───┘       │
      │           │
   品牌炒作    专题  关键词展现

           数据分析总结
              ▼
           流量转换
              ▼
          潜在客户挖掘
              ▼
          线上普及线下
```

（2）自我创意：诉求产品的使用价值

自我意味着"个性"，"自我创意营销"和"本我创意营销"的出发点恰恰相反。由于这种营销方式并不属于本能范围，顾客的消费会更趋于理性，刺激"本我个人"或许并不是提高餐厅流水最有效的方法。

因此，麦当劳和肯德基一直致力于培养顾客的消费习惯，从小处着眼，做自主玩具、跟风IP（知识产权）……

案例：

第一，按照时间顺序。顾客对品牌带有先天认同感，不少孩子都会为了集齐一套玩具而哭闹着去麦当劳，这种品牌认同并不会随着年龄的增长而降低，这也是餐饮企业稳定发展的一大保证。

第二，按照产品顺序。麦当劳早些年推出的玩具大多偏向自主开发的品牌形象，比如汉堡神偷、大鸟姐姐等。现在，麦当劳对国有IP的二度开发和联营越发上心：配合电影档期推出小黄人套餐和马达加斯加企鹅套餐，甚至Hello Kitty和小丸子等早期的经典形象也常成为麦当劳的改良对象……彻底激发这些IP固有粉丝的就餐欲望。

（3）超我创意：诉求产品的体验价值

超我属于人性的道德良心和自我理想的范畴。就像"没有买卖，就没有杀害""因为西贝，人生喜悦""除了相片，什么都不要带走；除了脚印，什么都不要留下"，不一而足。这些看似重复10遍就会被洗脑的超级语句，实际上，恰恰满足了人性的超我部分，用强调道德和良心的方式，来达到深入人心的效果。

忠诚度（保持率）

拥趸区

无所谓区

诋毁区

非常不满意　不满意　有点不满意　满意　非常满意　　满意度

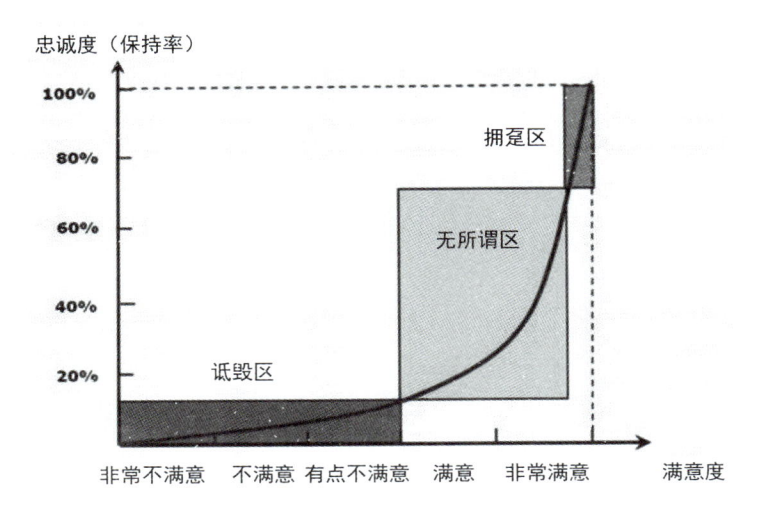

案例：

河南的一家台式餐厅的负责人曾被记者发问："在这儿做得这么好，未来有没有扩展到北、上、广等一线城市的想法？"这名负责人回答："河南有 1.07 亿人，我们餐厅只要服务好这些人就已经足够了。"很简单的一句话，却令这位记者莫名感动。

这些看似不接地气的"超级语句"，对餐厅流水并不会产生直接的带动作用，也未必会形成心智聚焦。这看似有悖于品牌运营，有雄心的餐饮品牌却乐此不疲。原因何在？

无他，唯"近因效应"耳。餐厅用简单的一句话，就让顾客永远记住了意犹未尽的那一次餐饮体验，餐厅的品牌形象由此深入人心，这就是超我创意的力量。

第六章

餐饮服务——如何永远赢得顾客

为顾客提供优质服务，其核心是创造性地高标准地满足顾客的期望。要达到这一目标，餐厅服务员必须具备充分了解和分析顾客期望的各种相关技能，要运用科学的方法来对顾客的期望、需求、满意度加以深度分析，同时加强与顾客的互动，及时跟踪处理顾客的需求变化，为顾客提供更好的服务体验。

1. 提高餐饮企业服务水平

顾客体验就是顾客对餐厅饭菜、饮品或服务的心理感受。

案例：

例如，人们去星巴克喝咖啡所感受到休闲、享受以及小资情调。可见，顾客获得的不仅仅是带来实际功能的产品，还是一种感觉，一种情绪上、体力上、智力上甚至精神上的体验。

提高顾客的服务水平，需要从餐厅服务员抓起：

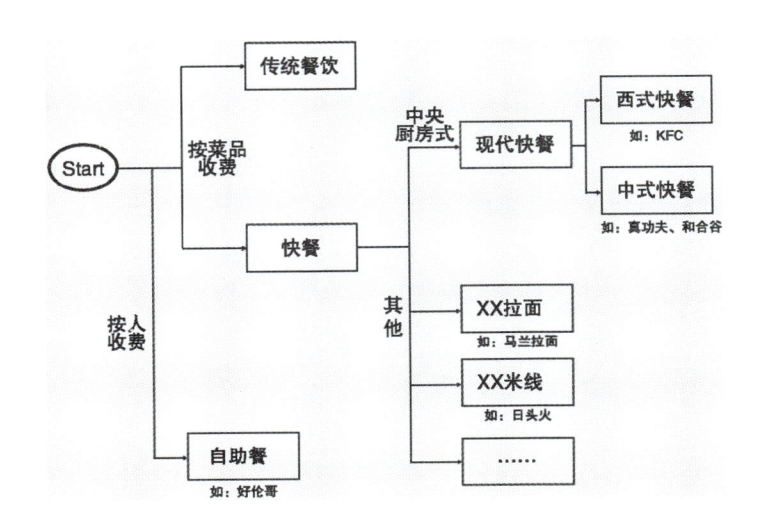

```
Start ─┬─ 按菜品收费 ─┬─ 传统餐饮
       │              │
       │              └─ 快餐 ─┬─ 中央厨房式 ── 现代快餐 ─┬─ 西式快餐（如：KFC）
       │                       │                          └─ 中式快餐（如：真功夫、和合谷）
       │                       │
       │                       └─ 其他 ─┬─ XX拉面（如：马兰拉面）
       │                                ├─ XX米线（如：日头火）
       │                                └─ ……
       │
       └─ 按人收费 ── 自助餐（如：好伦哥）
```

◆ 微笑、问候、礼貌。每一位顾客来餐厅消费时，都希望见到服务员亲切的微笑，热情、真诚的问候，彬彬有礼的举止，这是服务员留给顾客的第一印象，也是顾客得到尊重的第一感受和情感需求。

◆ 高效、规范、准确。无论是点餐用餐、结账买单，或其他服务，过久地让顾客等待，都会使餐厅的服务大打折扣，甚至招致顾客投诉。

◆ 尊敬、关心、体贴。日本的餐饮服务业把对顾客的尊敬、关爱、体贴放在了首位，并贯穿于整个服务之中。见到顾客时，亲切的问候、甜美的微笑、90度的鞠躬、跪式服务、礼让服务等，处处体现出把顾客当成上帝。尊重、关心、体贴是餐厅留住老顾客，吸引新顾客，提高服务质量，与顾客建立朋友、亲人般关系的基础，是餐饮服务行业经营管理的生命。

◆ 诚实、守信、忠诚。服务员不但要尊重、关心顾客，还要忠诚于餐厅，忠诚于自己从事的事业，更要忠诚于顾客，诚实可靠，守时履约，诚信待客。

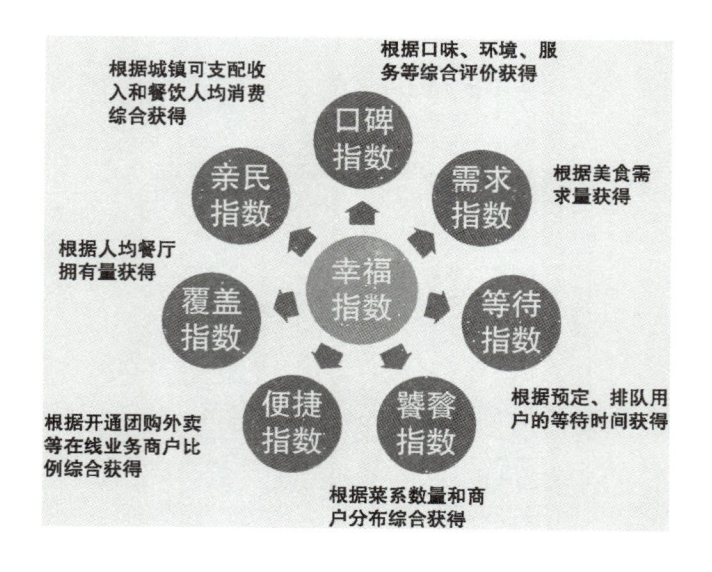

我们常说"顾客就是上帝",而服务是餐饮企业的灵魂,服务水平的高低,直接影响着企业的经济效益和社会效益的好坏。所以,对于一个餐饮企业来说,训练一支高素质的服务团队至关重要。一流的服务来自一流的员工,在这个以服务缔造竞争优势的时代,作为服务载体的服务员,不仅体现了自身的素质,更代表了餐饮企业的形象。

那么,如何为顾客提供有价值的服务?

服务明星=积极的心态+优质的服务+得体的语言,这就是最好的餐饮业服务员。只要我们肯努力,每一个人都能成为最优秀的服务员。

让顾客满意,有四大维度:

◆ 有形度。让顾客感觉,你像一个专业的服务员,看起来形象让顾客喜欢。这是外在的表现。

◆ 专业度。看你是不是很专业,问你什么,你都知道,问你产品,你都说得很清楚。

◆ 信赖度。除了我们有好的口碑外,能否让顾客信赖你。

◆ 及时度。你在提供服务时,能不能快速、及时,让顾客感到满意。

在竞争十分激烈的今天,必须营造轻松、愉悦的氛围,塑造餐饮企业的精品意识,追求的服务必须是规范、个性、超值,甚至是令顾客备受感动的服务,以满足多层次、多方面、多变化的服务要求。

2. 积极的心态——做好餐饮服务的基础

现代酒店管理之父斯塔特勒说:"餐饮酒店仅出售一种特殊商品——服务。"可以毫不夸张地说,餐饮的服务就是企业的灵魂,服务水平的高低直接影响着企业经济效益与社会效益的好坏。

一流的餐厅具备一流的服务,一流的服务来自一流的员工,当下正处于一个以服务缔造餐饮业竞争优势的时代,作为餐饮服务载体的服务员，服务水平的高低不仅体现了个人的素质，它还是餐厅形象的"代言人"。

心态就是一个人对事物的态度。心态分为两种：积极的心态和消极的心态。积极的心态是指主动向正面的、好的方向去思考问题，并积极采取行动，努力实现目标。而消极的心态是指不满于自身条件或能力，进而造成信心的缺失，看事情容易往负面的、不好的方面想，轻易就会放弃目标。

餐厅服务员的态度就是指服务员在为顾客服务的过程中，在言行举止方面所表现出来的一种神态。顾客有两种需求：一种是物质需求，另一种是精神需求。服务态度的作用是能满足顾客的精神需求或称心理需求，使其不但享受美食、酒饱饭足，而且还要心情舒畅、满意。

3. 优质的服务——留住顾客的最好方法

如今是以服务取胜的年代，让顾客满意是餐饮企业活动的基本准则。服务甚至可以说成了一项形象工程。作为一名出色的餐厅服务员，你的服务首先就要"超越销售"，不断外延商品的附加值，主动增加服务功能与品种，提供快速便捷的服务，随时做好准备提供各种意想不到的服务和某些特殊服务。其次，要加强对顾客的"消费沟通"，向顾客提供知识化、信息化的服务。最后是要提供"温馨服务"，以情感化、人性化的销售行为培育顾客，让顾客时刻感受到实实在在的真诚享受。

具体来讲，一个卓越的餐厅服务员要做到以下几点：

第一，重视顾客。无论是作为餐饮业顾客服务或是作为其他行业，重视顾客是非常重要的。拥有忠实的顾客群，是一家餐厅成功的必要因素。而作为服务员就更需要重视任何一个顾客，让顾客感受到满意的服务。

第二，确立超值服务的理念。应该掌握超值服务的理念，以指导自己的服务实践，为顾客带来超值享受，确保顾客的忠诚。

第三，耐心细致，态度要和蔼可亲。在提供餐饮服务时应该让顾客感觉到你是真心为他服务的，而不是敷衍塞责。这就要求餐厅服务员在提供服务时态度一定要好，对顾客的问题要及时耐心地解答。良好的沟通是提供良好的顾客服务的关键。当顾客致电投诉或反映问题时，是希望得到重视，得到帮助。我们要设身处地地为顾客着想，体会顾客的感受。

第四，细心观察，捕捉顾客的超值服务点。通过细心观察了解顾客真正关心的问题、困难，然后给顾客提供帮助，这是赢得顾客忠诚度最好的办法。服务一定是在自己力所能及的范围内进行，防止不切实际的承诺或盲目的行动。

4. 优秀服务员要能说、会说、巧说

很多人去餐厅消费后，都有这样的感慨：不少服务员都不太会说话。第一次去时，服务员的问候语是："先生，您好！"第二次去时，问候语又是："先生，您好！"第三次去时，问候语还是："先生，您好！"

去同一家餐厅，面对同一个服务员，问候语都是一样的，难道就不能加上点亲切的问候吗？比如这样说："王先生，您好！好久不见，您越来越精神了！"这样的问候语不是让顾客更能开心吗？

顾客最不能容忍的是，有些餐厅的服务员站得像兵马俑一样，一动不动，顾客从他们身边走过，他们一点儿反应都没有。如果一直以这样的方式招待顾客，顾客很难再光临。

怎么说才能让顾客更开心？其实很简单，优秀的服务，离不开良好的口才，优秀的服务员要能说、会说，还要巧说。

服务员必须对餐厅的基本服务语言的内容和技巧有一个很清晰的了解，这样才能在为顾客提供服务时尽量减少不必要的语言失误和误会，

并为餐厅树立起标准化、职业化的服务形象。

餐厅服务员的服务语言在形式上主要有四个要求：

（1）恰到好处，点到为止

服务语音不是演讲，餐厅服务员在服务时只要清楚、亲切、准确地表达出自己的意思即可，不宜多说话，而要引导顾客多说话。这样做的目的在于，让顾客能在餐厅得到尊重，得到放松，释放他们的心理压力，尽可能地表达自己消费的意愿和对餐厅的意见。

（2）有声服务

餐厅服务过程中不能只有鞠躬、点头，没有问候；或只有手势，没有语言的配合。很难想象，如果服务员提供没有声音的服务，那是多么可怕的一件事情，是缺乏热情与没有魅力的。

（3）轻声服务

我们看电视的时候，经常看到店小二传的吆喝服务，鸣堂叫菜、唱收唱付，这是传统的服务。而现代餐饮服务则讲究轻声服务，特别是比较高档的酒店，很注重为顾客保留一片宁静的天地，要求服务员要三轻，即说话轻、走路轻、操作轻。

（4）清楚服务

一些餐厅服务员往往来自乡下，由于性格过于腼腆的原因，或者普通话讲得不好，一开口都是满口的乡土味，在向顾客提供服务过程中，不能提供清楚明了的服务，造成顾客的不满。比如服务员在报菜名时，经常让顾客听得一头雾水，不得不再问。由此妨碍主客之间的沟通，耽误正常的工作。

> 📂 小贴士：
>
> 有些地方风味和风格突出的酒店，为了显现出个性，采用方言服务，也会妨碍主客之间正常的交流。其实这类餐厅的服务员，也应该会说普通话，以便于用普通话和方言服务，既能体现其个性，又能使交流做到晓畅明白。

5. 顾客的消费动机

顾客的消费动机是指顾客在餐厅消费过程中所存在的心理特点。餐厅服务员应该充分掌握顾客的消费心理，这样才能提高服务销售的成功率。

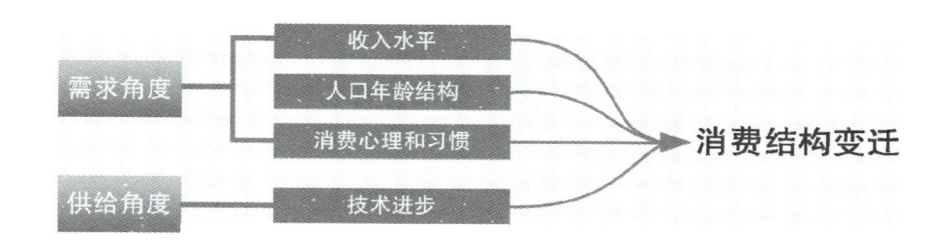

```
需求角度 ── 收入水平
         ── 人口年龄结构
         ── 消费心理和习惯     ──→ 消费结构变迁
供给角度 ── 技术进步
```

一般来说，顾客的消费心理有实用心理、安全心理、物美廉价心理、方便心理、审美心理、自我表现心理等。这些消费心理是通过不同类型的顾客表现出来的。

餐厅服务员不仅要掌握顾客的这些心理，还要掌握顾客其他的消费心理，以便于根据实际情况来提供服务。下面逐一进行介绍。

（1）实用心理

实用心理是顾客最基本的消费心理，比如饭菜能填饱肚子就是一个基本的生理需求。著名心理学家马斯洛说过，人类最低层次的需求是生理需求，即要满足人类生存基本需求的吃、穿、住、用、行，然后才能追求更高的层次。可以说人的大部分精力都是放在基本的生理需求上的，所以追求实用也是顾客最为常见的消费心理。

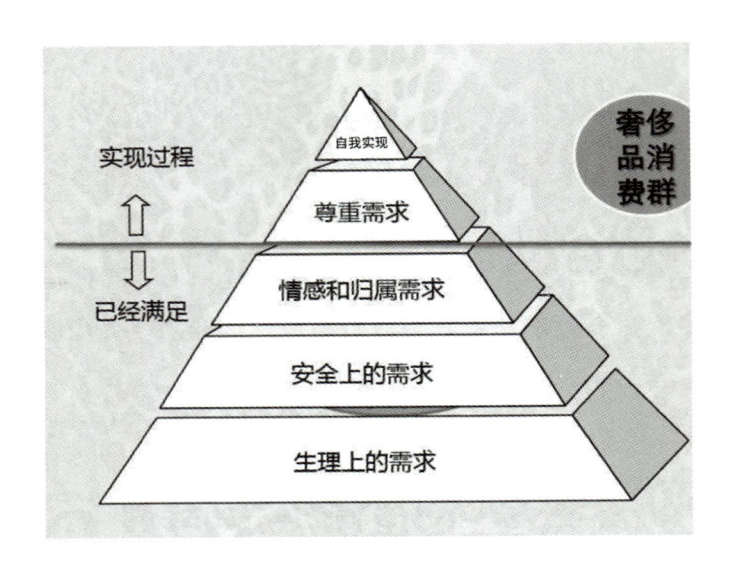

（2）安全心理

在人们的基本生理需求得到满足之后，便会追求更高的层次，比如说餐饮食品的安全性。顾客在选择餐厅消费时，会注重餐厅产品会不会给其本人或家庭带来安全感，或者说可不可以避免不安全的威胁。这种安全心理在餐饮消费领域表现得比较突出。

（3）物美价廉心理

物美价廉是顾客对餐厅消费所追求的目标，也是最为普通、最为常见的消费心理。在这种消费心理的作用下，顾客在消费过程中对餐饮的价格反应比较敏感。

（4）方便心理

现代生活的节奏不断加快，人们越来越注重时间的利用效率。在这种心理的支配下，人们会尽量购买能给自己的家庭生活和工作带来方便的新产品，例如，各种半成品的食物、饮料等，这都给人们在饮食方面带来了很多方便，满足了顾客的方便心理。

（5）审美心理

爱美之心，人皆有之，美能给人带来精神上的享受，给人带来愉悦感和满足感。那些色香味美的新菜品，往往格外吸引顾客的眼球，勾起顾客强烈的食欲。

餐厅服务员应该注意到顾客的这一心理需求，有意展示自己新菜品美的形象，以吸引顾客。

（6）自我表现心理

这是一种顾客需要得到他人的尊重，渴望在餐厅消费活动中表现自己，以得到他人的恭维和赞美来满足自己的一种心理。在消费活动中，顾客听到餐厅服务员对自己的恭维和赞美，内心会觉得很有成就感，得到心理的满足。而餐厅服务员则可以利用顾客的这一心理，尊重顾客，或者有意地迎合顾客，让顾客愿意买你的东西。

6. 顾客服务的最终价值

餐饮业属于服务行业。那么餐饮业靠什么立业？很显然，唯有服务。从某种程度上来说，服务无疑就是餐饮业的一个隐形产品，也是直接影响其收益的一个重要产品。

顾客服务的价值是什么？是让顾客更满意，是感动顾客，是让产品增值，是为企业创造无形的利润。我们开一家餐厅，如何才能做到盈利？把菜做得好吃一点，服务周到一些，店面装修得精美一些，这样来的客人就多，客人多了，饭店自然就能获得较为丰厚的利润。

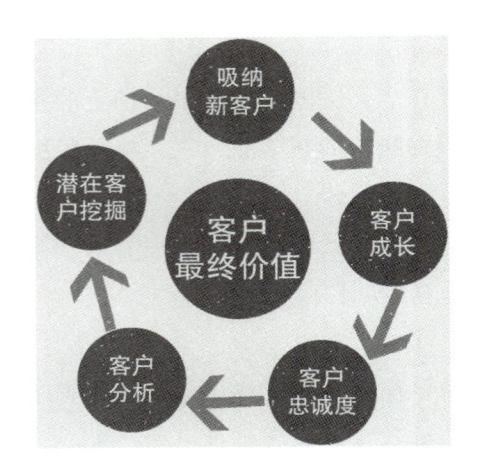

[图：客户最终价值循环——吸纳新客户→客户成长→客户忠诚度→客户分析→潜在客户挖掘]

同时，我们还要尽可能地压低成本，使饭店保持较高的毛利，这样一来盈利就更多了。事实上，很多人开餐厅的时候，基本上都是采用这样的逻辑。按照这样的逻辑，海底捞的成功也非常令人容易理解。那就是，海底捞在服务上下足了功夫，并且通过优质的服务吸引了大量的顾客，而大量的顾客又为海底捞带来了惊人的利润。

事实上，海底捞的盈利逻辑并非如此简单。

如果事实如此简单的话，那么很多企业都可以学习海底捞的特色服务，然后去改进自己的服务水平，最后就能获取大量的利润。这样一来，社会上会出现更多的海底捞。然而，迄今为止，只有一个海底捞。这就充分说明，海底捞大量盈利并非单纯做好服务这样简单。

海底捞盈利的关键，在于它构建了一条服务利润链。1994年，包括詹姆斯·赫斯克特教授在内的5位哈佛商学院教授组成的服务管理课题组，在构建"服务价值链"模型时提出了服务利润链这一概念。服务利润链可以简单地理解为一条将"盈利能力、顾客忠诚度、员工满意度和忠诚度"与生产力联系起来的纽带，并且它是一条循环作用的闭合链，其中的每一环节的实施质量都会直接影响其后的环节，最终的目标是使企业盈利。如下图所示：

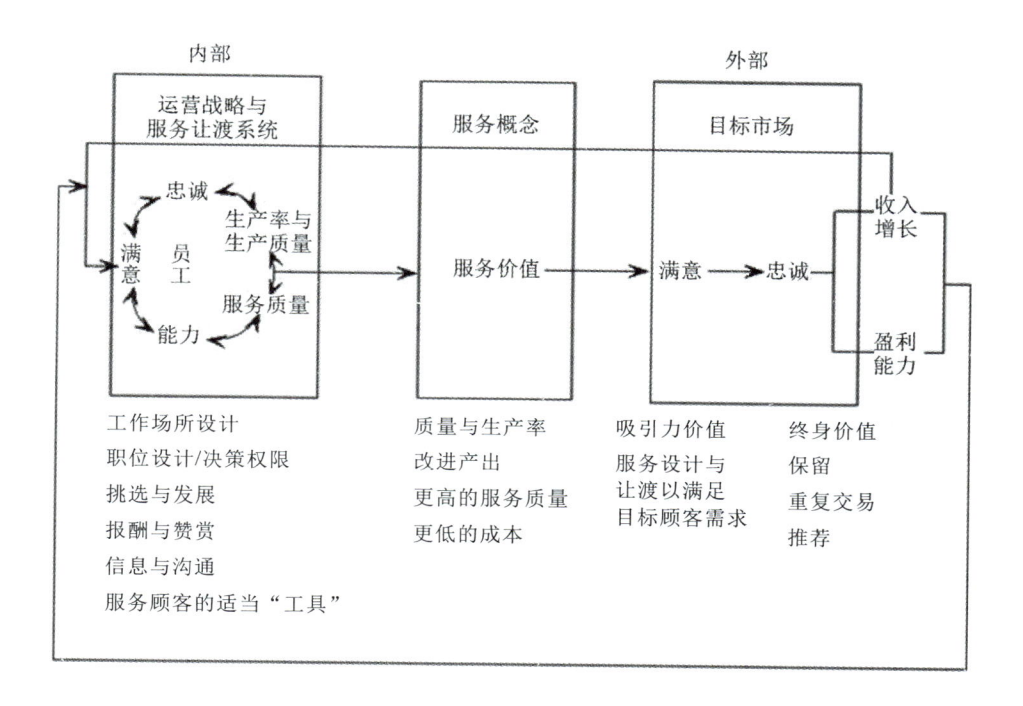

```
            内部                                    外部
┌─────────────────────┐  ┌──────────┐  ┌──────────┐
│  运营战略与          │  │          │  │  目标市场 │      收入
│  服务让渡系统        │  │ 服务概念 │  │          │      增长
│      忠诚            │  │          │  │          │
│   ↗    ↘            │  │          │  │          │
│  满  员  生产率与    │→ │ 服务价值 │→ │ 满意→忠诚│
│  意  工  生产质量    │  │          │  │          │      盈利
│   ↖    ↙            │  │          │  │          │      能力
│      服务质量        │  │          │  │          │
│      能力            │  │          │  │          │
└─────────────────────┘  └──────────┘  └──────────┘

工作场所设计        质量与生产率    吸引力价值      终身价值
职位设计/决策权限   改进产出        服务设计与      保留
挑选与发展          更高的服务质量  让渡以满足      重复交易
报酬与赞赏          更低的成本      目标顾客需求    推荐
信息与沟通
服务顾客的适当"工具"
```

从服务利润链的图示我们可以看出，企业的利润是由顾客的忠诚度决定的，忠诚的顾客会给企业带来超常的利润空间；顾客的忠诚度取决于顾客的满意度，即企业提供给顾客的服务价值；最后，企业内部员工的满意度和忠诚度决定了服务价值。同时，我们还可以发现，服务利润链由 4 个循环构成，即员工能力循环、员工满意度循环、顾客忠诚度循环和企业盈利循环。以企业盈利循环为主线，4 个循环之间又相互作用。

总结：

简单地说，服务利润链就是"企业对员工好→员工有干劲→员工对顾客好→顾客体验良好→忠诚顾客再次消费和口碑推广→企业获利"这样一条可以循环的链条。

通过对服务利润链的分析，我们可以看出，企业的盈利是一个系统工程。一个企业想要获取大量的利润，单纯地在服务利润链的一个环节上下功夫是不够的，它必须做好每一个环节，使之良性循环。

海底捞的大量盈利原因就是，它成功构建了一条服务利润链。它通过给予员工较高的福利待遇和人性化的关怀，使员工满意；满意的员工一方面提高了工作效率，另一方面带给顾客超级个性化的服务，使顾客满意；顾客在海底捞享受到较好的服务之后，感觉满意，从而再次消费，或者通过口碑传播为海底捞带来更多的顾客；海底捞通过大量的顾客赢得了大量的利润；海底捞在获得利润之后能够进一步改善员工的福利待遇，促使他们更加积极地工作。这样，海底捞就能够持续盈利了。

第七章

餐饮管理——树立形象的最佳途径

一个能够提供优质服务的餐厅，离不开一个高素质的员工团队。员工是餐饮企业生存的基石，是发展的推进器，是在未来竞争中创造奇迹的最佳动力。要使餐厅在竞争激烈的市场上取胜，就必须做好管理工作，只有这样餐厅才能齐心协力地为顾客提供服务。

1. 餐饮管理的"根"在人才管理

在市场竞争日趋激烈的形势下，一家餐厅能否生存与发展，说到底，在于能否在团队内部形成一股凝聚力，能否充分发挥员工的积极性和创造力。也就是说，餐饮管理的"根"在思想管理。

案例：

313羊庄，特殊的餐饮文化——思想餐饮

313羊庄全国连锁，铁锅炖羊肉领导品牌！到目前为止，全国连锁店近400家！三个热爱、一个核心、三个坚定是企业的核心文化！313羊庄争做中国思想餐饮第一品牌！

第七章 餐饮管理——树立形象的最佳途径

为什么叫313？

"三个热爱，是爱党、爱国、爱人民；一个核心，是以餐饮报国的理念为核心；三个坚定，是坚定食材健康的品质、坚定顾客至上的品德、坚定科学管理的品行。"

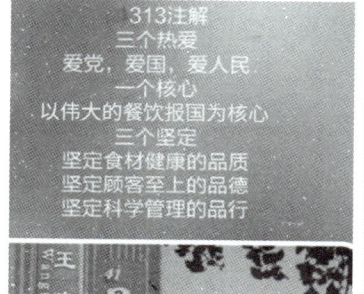

313羊庄的董事长聂生斌常说："思想决定思路，思路决定出路。"他要求："始终坚持为人民服务，把服务做成思想，把思想做成文化，把文化做成产品，把产品做成品牌，把品牌做成产业，把产业做成人心，把人心做成精神，把精神做成物质，把物质做成生活，把生活做成幸福，把幸福做成快乐，把快乐做成舒服，把舒服做成善良。"

"只要你往好了做，别人迟早会感受到。"聂生斌说到做到，他要求一口锅煮食材，一口锅煮开水烫碗筷，增强现场感、放心感。要求每一道菜、每一道工序，如何煮碗、水的温度、拿碗的姿势、锅的大小、锅盖的质地颜色、料盒的选择、服务时的语言语气都是不可忽略的细节。

在员工管理方面，聂生斌要求313羊庄的员工每天要在公司群里分享自己的学习体会——"我今天上班了，我学到了什么，我杜绝了什么"。

思想餐饮——做餐饮是为了报国。例如，公司的文化，杜绝负面的情绪——怨、恨、恼怒、烦。这就是老板文化。聂生斌是军人出身,军人情怀,始终珍藏在聂生斌内心深处。公司的股东特别团结,比如他们有313羊庄大学;一切行动听指挥,三大纪律八项注意……

赢得胜利的道理很简单——拥有最出色的团队。就像人们常常在比赛之前就已经知道哪支球队会赢球一样。谁拥有最出色的球员,谁就是最终的胜利者。因此,餐厅的第一项职责便是打造一支出色的团队。

拥有出色的团队,配合到位就是执行的保障,如果各部门不能执行好公司策略,又如何能创造卓越的业绩呢?如何让公司的目标实现呢?杰克·韦尔奇就说:"战略不过是一张纸而已。如果各部门没有出色的执行力,战略一点用也没有。"

只有内部做到"配合听指挥",等到真正执行打仗任务时,才能做到使命必达。配合是一个团队生存和作战的保障,没有相互配合,团队就会像一盘散沙,各自为战,没有前进的方向。

2. 个性化招揽人才

作为餐饮企业发展的核心要素,人才招聘历来是餐厅经营者最为重视的环节之一。随着中国人口红利的一去不回,北、上、广等一线城市又出于政策考量进行了大规模的人口疏解,餐饮劳动力供需不平衡已成不可否认的事实。多地出现了对餐厅服务员、厨工等岗位的巨大需求。

招人这件事让越来越多的餐厅经营者头疼不已:"招到优秀人才怎么就这么难呢?"

第七章 餐饮管理——树立形象的最佳途径

— "目前的外部招聘渠道比较单一，主要以人才市场和网上招聘为主。我觉得现在招聘太被动了，很多都应该现在开始招了，因为很多岗位都要经过一段时间的磨炼。"
— "还有就是我们认为一定要通过各种渠道，外进一些人才，我们现在表面上还可以应付，现在已经是越来越紧迫了。"
— "一些专业人才、技术人才的招聘上我们还没有走得很通。"
— "还有就是招聘的计划衔接也是不够的，存在临时抱佛脚的现象。"

人才招聘

— "各门店员工、基层管理人员流失比较严重。"
— "现在又碰到一个问题，现在门店的一些领导人才、职能岗位在数量上缺、在职能上欠。"
— 中层干部的老龄化比较突出，十多年前的中层干部现在还是这帮人，流失率很少。"
— "现在已经有好多个部门出现没有接替的现象了。"

人才招聘

在现在的餐饮职场中，"80后"和"90后"是主力军，未来几年还会逐渐出现"00后"的年轻人。年轻人最重自我，追求个性。针对个性化的年轻人，餐厅必须使用个性化的招聘策略。

餐饮企业常见的招聘渠道：

渠道	预期作用	目标群体
人才寻访	• 提高针对性 • 突破招聘淡季 • 削弱竞争对手的人才实力	• 同行中级人才 • 非同行关键核心岗位或稀缺特殊岗位
猎头	• 借助资源 • 重点突破 • 节省时间精力	• 高级管理人才 • 高级专业人才
现场招聘	• 蓄积人气 • 体现企业实力 • 批量解决人才瓶颈	• 拟离职或已离职人员 • 通用型岗位及一般专业岗位
内部推荐	• 提高稳定性 • 节省沟通成本 • 确保文化认同感	• 中级、初级人才 • 中层、基层通用或专业岗位
网络招聘	• 广泛宣传 • 提升信息传递效率 • 确保日常招聘量 • 节省费用	• 在职人才 • 通用型岗位及一般专业岗位 • 经常上网的人群
报刊广告	• 宣传造势 • 积聚简历 • 建立品牌	• 通用型岗位及一般专业岗位 • 信息灵敏的人群

除了举办招聘会、张贴广告、在招聘网发布信息、发布招工传单等传统招聘方法之外，以下方法也能对餐厅经营者有所帮助。

（1）为职位换个称呼

通常来讲，判断一个人个性的最直观标准是"与众不同"。如果这种"不同"中能够透露出让人羡慕的审美和能力，就有可能演变成受人追捧的时尚或潮流。应用到招聘上，同样的工作内容和职位，如果换个称呼，效果可能就大不一样了，让我们看看肯德基"储备经理"这一职位的招聘信息。

案例：

在肯德基，从餐厅储备经理开始，您将逐步学习到管理一家餐厅的全面知识。除了学习各个工作站的操作技能外，还将系统地学习排班管理、订货管理、设备管理、人员管理、利润管理等基础管理知识。这些知识和技能将使您比同龄人先行一步，更早地获得跨国餐饮连锁企业标准化、系统化管理的宝贵经验。

在肯德基，我们所有运营团队的管理人员100%来自内部升迁。在您成为餐厅储备经理的那一刻，我们就为您设定了清晰的职业发展路径。通过严格的系统化培训，帮助您实现个人成长和职业发展的双重目标，从而描绘出不一样的精彩人生。

肯德基为有理想的年轻人铺设完美的职业轨迹，以餐厅储备经理为起点，迈向区域经理甚至其他更高、更多元化的职位，以便于您在全球知名企业里成就自己的梦想。

以上是肯德基对于"储备经理"一职的岗位描述。有一个小细节需要指出，储备经理是肯德基为员工制订的晋升通道的第一步，而同样的工作内容在其他餐厅中对应的职位叫服务员，两相对比，高下立判。

（2）为工作加入兴趣元素

据有关调查显示，80%的年轻人择业的第一要素是兴趣爱好，而这样的工作显然少之又少。如果餐厅经营者无法提供能直接满足员工兴趣爱好的工作内容，那就尽量在工作中加入符合他们兴趣爱好的元素，进而提升品牌好感度。

品牌好感度的作用有两个：一是提升顾客满意度与黏性，二是吸引潜在员工。

案例：

必胜客启动了一个名为"必胜客时尚原创设计大赛"的活动。大赛面向全国的大学生，鼓励并支持在校大学生进行原创设计，并为有才能、有梦想的原创设计师提供梦想奖金，冠军作品将进入千余家门店成为员工的正式制服。

必胜客官方公开表示此次活动的目的之一是"通过制服设计，拉近与年轻人的互动距离，与年轻消费者共同创作品牌内容，为品牌注入时尚新力量"。

无独有偶，基于"爱分享"的品牌定位，必胜客于同年 10 月在上海时装周中跨界合作独立设计师品牌 Where What Who 推出品牌定制系列，并在 50 多位设计师的参赛作品中脱颖而出，荣获由上海时装周组委会与时尚评审团颁发的"传播贡献奖"。

点评：

必胜客将这些明显与比萨关联度不大的元素与品牌捆绑在一起，不排除是为了讨好这些元素背后的年轻人群，进而吸引最优秀的人才。

餐饮企业招工难，已经成为一个不争的事实。工作的方式氛围以及成长空间的大小，已经成为当代年轻人选择工作的重要标准。如果餐饮企业不与时俱进，转变招聘思路和方式，就只能对"用工荒"无计可施。

还是那句话，办法总比问题多，不是招不到优秀人才，只是你的方法出了问题。

3. 拒绝灌输，让员工爱上培训

案例：

麦克海伦酒店被认为是世界上最好的酒店之一。在客人入住的时间里，酒店提供一种令人感觉宾至如归的服务，酒店的员工和顾客有良好的接触。对每一位新来的员工，酒店都发给他们一本工作手册，上面包括工作中的主要任务以及公司的简介和员工的行为准则。

培训是在工作中进行的，涉及的内容很多。每一位员工都要受到经理严密的观察，当在工作中出现错误时应立即予以纠正。新雇员还将被指派做事务性方面的工作，比如，如何切不同的肉，如何打扫房间等。在这里，酒店在培养员工方面投入很大，雇员们学到的经验肯定要比在其他酒店多。

通过麦克海伦酒店的例子我们可以发现，培训员工对企业来讲是多么重要。一个没有经过培训的员工是不可能为顾客提供优质服务的。

对于餐饮企业来讲，获得优于竞争对手的唯一途径，就是比竞争对手学得更快；重视培训、重视员工全面素质的提升和企业文化的认同，把企业建成学习型组织，通过企业核心竞争力的提高，最终实现企业与员工的"双赢"，是餐饮企业获得发展的最根本手段。

餐厅获取人才的渠道，无外乎两大方面——招聘和培训。招聘的主要目标是外部招聘，而培训的重点则在于内部培养。对于深受"用工荒"困扰的餐厅来说，培训显然比招聘更加容易和有效。

如今，员工培训开始被越来越多的餐厅重视，特别是那些发展得较快的餐厅。从企业发展的角度来说，学习不是简单地让员工掌握技能，更重要的是让员工形成一种"我在这个地方工作有发展前景"的认知。

传统的员工培训，大多是在餐厅内部或者外部找一个人给员工传授各种课程，"灌输"的阴影令人挥之不去。这种培训方式的效果有时并不算太好，原因在于"灌输"本身有被动的含义。你给的，未必是员工想接受的，且很难让员工自发地参与学习。

案例：

王品的培训系统，设置了必修和选修两种课程，必修课偏向于岗位必备技能，选修课则依据员工个人的兴趣爱好选择。绝对不要小看这个选择步骤的增加，员工不再是一个被动接受的个体，而是一个可以选择的自由人。

试想服务员每天要接受顾客的"百般刁难"，工作之后却连一点学习的自由都没有。要知道，过度的束缚只会带来反抗。即便是"学霸"也会有自己不想学的东西，如果强制要求一个员工在工作之余还要不断学习他不喜欢的东西，反感情绪的出现也就只是时间问题了。

4. 巧用"薪酬"解"心愁"

人才管理的三个关键字——选、育、留，最后我们来看如何留住人才？

由于活多、钱少、压力大，餐饮行业长期以来都是人才流动率最高的行业之一。按照马云的说法，员工留不住无非两个原因："钱没给够"和"心委屈了"。"钱没给够"往往是导致"心委屈了"的重要因素之一。如何给钱，就成为餐厅人力管理体系的重中之重。

如何对员工进行有效激励，从而使得员工快乐地为企业工作成为困扰整个管理界的共同难题。

做好员工激励，首先要抛弃狭隘的激励意识。

知识成就涵养，意识决定境界。很多餐厅老板一谈到激励，往往会想到金钱、福利待遇，他们理所当然地认为，只要给员工充足的薪酬待遇，员工便会按照既定的路线前进。而实际上，使得员工决定留在一家餐厅的几个因素中，名次排列是这样的——成就、对成就的认可、工作本身、责任和晋升，而金钱被排在最后。

员工不是金钱的奴隶，所以餐厅老板千万不要仅用薪酬待遇来吸引员工。员工需要获得更多的自由空间，需要更多的尊重、工作挑战，相对于金钱方面的激励，他们更在乎认同、尊重。

有些餐厅老板并没有注意到这一点，他们在对员工进行激励的时候，更多的是从自己的角度考虑问题，而非员工的想法；他们不懂得针对员工不同的需求进行有针对性的激励，而是采取统一式的金钱激励，进而把员工和老板的关系变成了简单的管理与被管理的关系，而非互相需要的合作者关系，结果白白花费了很多的金钱、时间，却仍然阻止不了人才的不断流失。

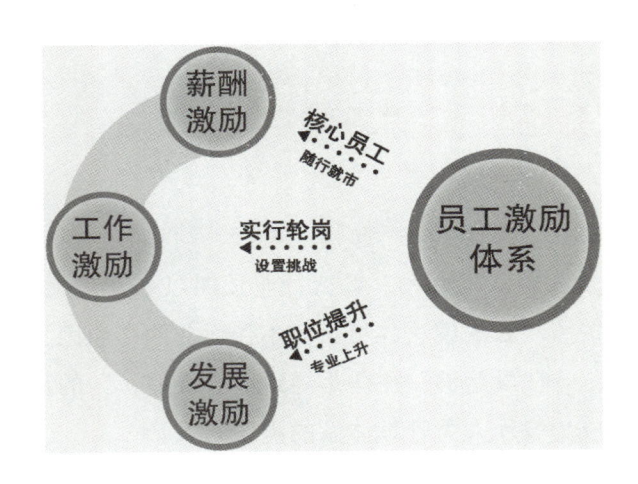

如果我们给激励下一个定义的话,激励就是通过适当的方法激发员工的热情和积极性,引导规范员工按组织的要求做事,从而有效地实现组织目标和员工的个人目标。

案例:

麦当劳的激励机制用得很充分,每天,麦当劳都会按照具体情况为不同岗位的每个人制订目标,一旦达成目标,就可以获得公司内部的积分奖励,企业通过春游、职业发展、抽奖、聚会、带薪休假(兼职员工每年工作超过 1 440 小时会获得一周)、竞赛、轮换等方式对员工进行激励。

同样,海底捞善待员工,首先体现在它为员工提供较高的工资和福利待遇上。

海底捞员工的基本工资高于同行业平均水平。在海底捞的官网招聘一页,我们看到了它的服务员工资的基本水平。以上海为例,海底捞在上海门店工作的员工底薪比上海市最低工资标准高出近 20%,再加上奖金和工龄工资等,从总量上来看,其员工工资要比最低标准高出很多。而一般的餐厅服务员的工资也就是比最低工资标准高出一点而已。

海底捞真正比同行出色很多的地方,是它系统有序的福利待遇。员工从入职海底捞开始,就能得到一套完善的福利待遇体系的保障,他可以体验到在很多大企业才能享受到的待遇。

海底捞员工的吃住都由店里负责,除了早、午、晚三餐之外,晚上九点之后还有夜宵,酸奶面包一应俱全。按照海底捞的规定,必须给员工租住正式小区或者公寓中的两、三居室,而且距离店面步行不能超过 20 分钟。公寓里配有空调,有专人负责保洁、换洗被单和洗工服等。如果员工是夫妻的话,海底捞会给他们配备单间。

为了让员工更好地娱乐休闲,公寓里配有有线电视和上网电脑。海底捞还自办了海底捞大学,选送员工去那里培训学习。海底捞按照不同管理人员的等级,为领班以上的管理人员的父母发放几百元不等的工资,使员工的父母老有所养。另外,海底捞还在简阳建立了一所私营学校,海底捞的员工子女可以免费去上学。

海底捞的员工可以享受到诸如婚假、产假、丧假以及探亲假等各种假期，并且公司会为员工提供各种相关补贴。除此之外，公司还会按照规定给员工个人办理各种保险。

☕ 点评：

海底捞的工资和福利待遇，对于那些生活在社会上层的人来说，也许根本算不上多好。但是，对于海底捞的员工——那些从农村来的打工者来说，简直是不可想象的。这样的工资和待遇，带给他们的不仅是一份生活的保障，更让他们体会到了做人的尊严。海底捞员工受到公司的关怀，因而产生了积极工作的激情。高昂的工作激情，是他们为顾客提供优质服务的保障。

总之，企业对员工的激励既要有物质方面的，也要有精神方面的。奖励的力度要适当，形式要多样。只有这样，才能真正起到激励员工的作用。

5. 员工不会做你希望的，只会做你考核的

人力管理，说白了就是让合适的人去做合适的事。很多中小餐厅的经营者会使用"监督"的方式盯着员工做事，美其名曰："店小，能看得过来"。暂且不说监督给餐厅经营者带来的额外工作压力，仅是这种形式本身就问题重重。它不仅会打消员工工作的积极性，还容易造成不公平，引发员工的不满，进而降低顾客满意度。然而绩效考核完全能够解决这些问题。

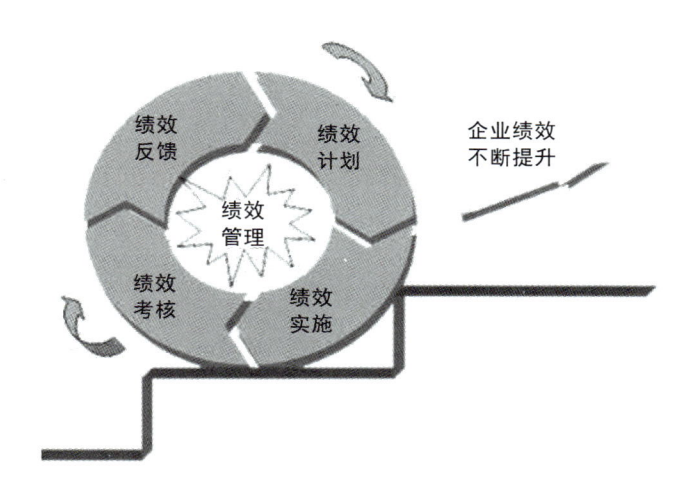

什么是绩效考核？其实非常简单，就是餐厅经营者按照一定的标准，对员工某一阶段的工作成绩、工作行为、工作态度进行考查和评估，并做出一定的奖惩，产生正面引导作用的过程和方法。在餐厅的人力资源管理体系里，绩效考核是不可或缺的一环。

只有设置并成功贯彻实施合理的绩效考核体系，才能确保餐厅各项工作有序进行，提升员工的工作积极性。毕竟，大多数员工不会在意老

板希望他做什么事，只会在意哪些事能让他升职加薪，对他的未来有帮助，而这正是绩效考核的意义所在。

拓展阅读：

在人性中，人人都存在着"回避风险"的倾向。责任就像是一只猴子，只要员工一提问，转眼之间，它就可能跳到你的身上。如何防止责任被转移？

方法有两个：

第一个方法是"授渔不授鱼"：多给方向和原则，少给方法。因为指导越细，下属的责任就越少。

第二个方法就是，重要的事情流程化。所谓流程化，就是确定事先做什么，事中做什么，事后做什么。员工按照流程标准照做。

检查评估就是要帮助餐厅经营者真正地去解决执行中发生的问题，这是餐厅真正把执行落到实处的最关键的一环。

员工不会做你希望的事，只会做你要检查的事。

案例：

经常听到餐厅经理这样抱怨："那个小李辜负了我对他的期望，我对他如此信任，又给了他这么好的机会，他怎么做成这个样子呢？"

仔细了解一下这位经理的管控过程，原来他给小李授权完毕后，说："小李，你是我部门最棒的，我最相信你，不要辜负我的期望哦。"之后，没有检查，没有监督。等到结果出来后，两眼一翻，迟了！

碰到这种情形，IBM前总裁郭士纳有一句话："人们不会做你希望的，只会做你检查的。"

检查是管理者最重要的工作。比如，如果高考不考历史、地理，你还会去认真学习历史、地理吗？答案是不会。不管怎么强调历史、地理有多重要，我想也难以激起你的积极性，同样也无法引起老师的重视。考试制度在管理上就相当于我们的检查系统。所以，你希望部下做什么，就要随时对他们进行检查和监督。

客服绩效考核表

公司/店铺：	部门：	岗位：客服	姓名：	绩效周期：	考核等级：	A-D

指标类型	指标名称	指标目标	权重（%）	实际完成情况	自评分	上级评分
量化指标	服务对象数量		20%			
	圆满解决客户问题数量		20%			
	创新解决方案		20%			
非量化指标	服务态度		10%			
	服务意识		10%			
	服务能力		10%			
	服务专业度		10%			
			得分（自动计算）：			

目标确认签字：	员工：	直接主管：	日期：
目标确认签字：	员工：	直接主管：	日期：

如果缺乏检查，下属最后做事的结果不是我们想要的，那么，责任应当由谁来负呢？应当由餐厅管理者负。这样似乎有些不公平，明明是员工做不到，怎么要由管理者负责？

道理很简单，作为餐厅管理者，应当对团队的过失负责。所以管理者一项重要的工作，就是检查。如果你的团队做了某些事情达不到你的要求，那么主要责任在于你。请问，你有制定一套流程来检查他们所做的工作吗？如果你已经制定了这么一套检查制度，那么，你有落实到每月每周甚至是每天对他们偏离目标的行为加以纠正吗？

6. 晋升机制：打造一流管理队伍

"火车跑得快，全靠车头带。"在餐厅里，管理者的重要性不言而喻。一家门店所有的统筹和运营工作，特别是前厅和后厨的所有人员都由管理者安排工作、监督执行。采购、准备制作、出品、消费服务，乃至售后维护等工作，基本都是由相应管理者掌控的。与此同时，员工招聘、培训，乃至住宿等生活服务，也都是由相应管理者直接负责的。

如今，越来越多的年轻人成为职场的生力军。他们勇于表现，学习能力强。想要留住他们，除了薪酬之外，餐厅还需要提供明确的晋升通道和管理技能培训，让他们能够看到自己的职业前途，留在企业安心发展。

麦当劳的晋升体系：

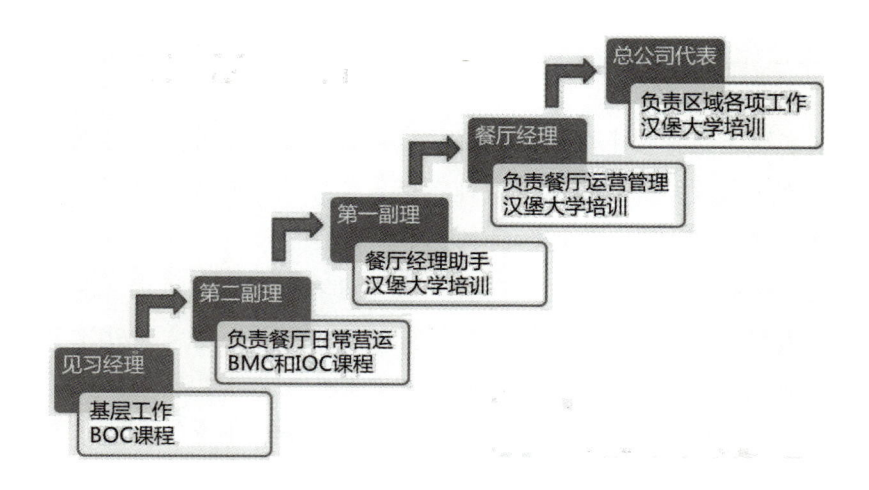

```
                                              总公司代表
                                              负责区域各项工作
                                              汉堡大学培训
                                  餐厅经理
                                  负责餐厅运营管理
                                  汉堡大学培训
                        第一副理
                        餐厅经理助手
                        汉堡大学培训
              第二副理
              负责餐厅日常营运
              BMC和IOC课程
    见习经理
    基层工作
    BOC课程
```

公平、公正、公开是餐厅晋升机制的重中之重，让每个有水平、有能力、有上进心的员工都能得到晋升机会。

进入知识型社会，企业最重要的资产是人才。人才体现着公司的核心竞争力，如果没有人才做支柱，那么这个公司将会是一个空壳。凡是做公司的人，都知道人才的重要性，当你找到了合适的人才，接下来就要考虑如何留住人才了。

建立职业发展的通道，目的有两个：一是留住人才，二是挖掘人才。简单地说，就是通过内部晋升的方式充分发现人才，而不仅仅依靠引进"空降兵"。

通常来说，当公司的某个关键岗位出现人才空缺的时候，采取内部晋升的方式，选拔那些已经熟悉了企业文化、认可了企业的价值观、并具备了相应能力的员工。

案例：

为了确保员工晋升的公平、公正、公开，正君餐饮旗下的连锁品牌木屋烧烤建立了一套属于自己的PK（对决）机制。

员工晋升的每一步都需要PK，完全用业绩说话，不存在内幕交易和暗箱操作的空间。

在木屋烧烤，所有一线技术岗位都设有专门的PK和评选机制：后厨在切生鱼片、做寿司等方面的技能比拼；前厅经常举办一些服务展示方面的竞赛，包括如何给客人搭配好一桌菜，如何搭配前菜和甜点等这样的PK，其不仅可以提高员工的工作技能和竞争意识，PK 结果还可以作为公司内部晋升的考核指标。木屋烧烤总部的所有管理人员，无一例外都是经过门店管理组一系列PK后严格选拔的。

此外，木屋烧烤还设立了代表其最高荣誉的"巅峰团队 PK 制"。巅峰团队的PK 范围，涵盖了团队展示、成果展示以及心得分享等诸多方面。木屋烧烤力图通过PK，让各个门店树立强烈的团队意识。

点评：

PK 机制的运用，让木屋烧烤获得了较高的合格员工输出率。

要知道，合格基层员工和管理人员的数量，直接决定了一家连锁餐饮企业能够开多少家门店，以及连锁事业能不能真正有所发展。

7. 亲情化管理：从"员工管理"到"员工体验"

作为一名餐厅经营者，你在竭尽所能提升消费者的用餐体验的同时，是否考虑过员工的工作体验？消费者是提升餐厅流水、直接创造利润的"上帝"，提升其消费体验无可厚非，但也别忘了，消费体验无非来自菜品、服务和环境，其中菜品和服务都需要通过员工来实现，环境也需要员工来保持，创造价值的员工在整个价值流转过程中同样至关重要。

时代在变化，很多餐厅经营者遇到的员工离职理由越来越匪夷所思。比如，员工餐太难吃、老板情商低、员工制服不好看、员工宿舍没有Wi-Fi……当你以开玩笑的方式说出这些理由时，是否真正考虑过背后体现的员工管理学问？当你把关注点从"员工管理"转变为"员工体验"时，或许就会有另一番理解。

以员工餐为例。餐厅经营者或许会认为员工餐充分遵循了营养学的搭配，非常适合现有员工食用，对员工的身体很有好处。但实际上，员工更关心的是"我如何在最短的时间内吃一顿最爽口的饭菜"。显然，这种情况下的优质员工体验就是"爽口好吃"，而不是"营养健康"这个看上去更加高阶的需求。

再来看看Wi-Fi问题，在餐厅内我们肯定见过这样的场景：消费者走进一家餐厅后，问道："服务员，有Wi-Fi吗？"

餐厅老板回答："不好意思，没有……"

消费者看了一眼身边的同伴，说："哦，那我们走吧！"

有些顾客会因为没有Wi-Fi就更换用餐的餐厅，对于员工来说同样如此，因为宿舍没有Wi-Fi导致的员工离职事件已经不是少数。

如果餐厅经营者了解员工的真实需求，就不会花更贵的价钱给员工宿舍配备电视机，而不配无线路由器，更不会因看到员工"没有Wi-Fi"这样的辞职理由而哭笑不得。

那么，如何才能得知员工的真实需求呢？

使员工满意，把他们当成家里人，并不是单纯地提高福利待遇这样简单，更重要的是企业的管理者要从细节入手，以家人的姿态关怀员工，为员工营造一个大家庭的氛围。

海底捞正是这样做的。

案例：

新员工进入海底捞首先要接受培训，因为工作内容简单，所以培训的内容并不复杂。但是，海底捞在培训员工的时候不仅会为员工培训工作内容，也会教给他们诸如怎么看地图，怎么用冲马桶，怎么坐地铁，怎么过红绿灯，怎么使用银行卡等一些生活知识。

为什么要这么做？因为海底捞的员工多是来自农村、读书不多的年轻人。他们来北京打工，可能路不熟，可能遇到生活上的难题，所以海底捞作为他们的亲人，就要设身处地为他们解决这些难题。

海底捞的员工住的都是正规公寓或者小区住宅，里面有空调和暖气，每人的居住面积不小于6平方米。不仅如此，其宿舍必须步行20分钟之内可到工作地点。

为什么？因为北京的交通相当复杂，服务员工作时间一般很长，这些还都是大孩子的服务员们需要充足的休息时间。

在海底捞，诸如这样的例子实在太多了。海底捞用实际行动关怀它的每一个员工，让他们真实感受到海底捞就是他们的第二个家。试想，在这样的环境下工作，员工能不满意吗？

☕ **点评：**

海底捞带给餐饮企业的启示就是，企业要提高员工的满意度，不仅要根据自己的实际情况改善员工的福利待遇，更要在一些细节上关怀他们。只有这样，员工才能把公司当成家，为"家"努力工作。

需要注意的是，亲情化管理绝不仅仅针对在职员工，还应体现在对离职员工情绪的安抚上。餐饮行业的员工流动率较大，出现员工离职是再正常不过的事情。如果离职员工的情绪没有得到有效疏导，很有可能影响在职员工的心情，甚至出现恶意诋毁企业形象、拉拢他人跳槽的情况。

餐厅经营者应牢记：做不成同事，也万万不要为自己增加敌人。无论员工是主动辞职，还是因故被辞退，餐厅经营者都有必要了解其离职的具体原因，感谢其对公司的付出，并做好后续安抚工作，让其感受到足够的"人情味"。

第八章

餐饮成本控制——提高竞争力的重要途径

对于餐厅来说，利润是生存的关键因素，而成本是影响利润的重要因素。餐厅要想获得理想的利润，就必须对餐厅进行成本核算与控制。此外，成本核算与控制是现代餐饮管理的重要内容，正确的成本核算与控制工作会给餐厅带来巨大的利润，同时也是餐厅增强竞争力的重要途径，关系到餐厅的生存和发展。

1. 餐饮业成本的分类

餐饮成本与其他成本一样，可以按多种标准进行分类。餐饮成本分类的目的在于根据不同成本采取不同的控制策略。餐饮产品成本根据其考虑问题的角度不同，分类方法也不同。其主要有以下几种不同的方法：

（1）按是否与业务量有关，划分为固定成本和变动成本

固定成本是指不随业务量（产量、销售量或销售额）的变动而变动的那些成本。如固定资产折旧费，在一定时期内按财务制度规定所提取的折旧费的大小是不随业务量的变动而变化的。

变动成本是指在一定时期和一定经营条件下随着业务量的变动而变化的成本。例如，原料成本、水电能源等，会随着餐饮菜品的生产和销售的增加而增加。

此类划分主要是为损益分析和成本控制提供理论依据。

餐饮企业高层管理者以固定成本控制为主；中低层管理以变动成本控制为主，尽量降低成本费用。在划分固定成本和变动成本后，就可利用数学方法分析业务量、成本及利润三者之间的盈亏平衡关系，对成本费用进行分析，加强对成本的控制和管理，提高企业的经济效益。

（2）按成本可控程度，划分为可控成本和不可控成本

可控成本是指在餐饮管理中通过自身的努力所能控制的成本，即在

短期内可以改变其数额大小的成本。通常变动成本属于可控成本。餐饮企业管理人员若变换每份菜的份额，或在原料油的采购、验收、储存、生产等环节加强控制，则餐饮产品成本也会发生变化。

某些固定成本也是可控成本。如广告和推销费用、大修理费、管理费等。比如，有关操作人员通过个人精湛的技艺和工作责任心，节约了原料、物料消耗品和水电能源等耗费，使其降低或控制在一定的成本水平上，对可控成本的管理是餐饮成本控制的重要方面。

不可控成本是指餐饮企业通过努力也难以控制，只有高层管理才能掌握的成本费用。固定成本一般是不可控成本。例如，租金、维修费、保险费、固定资产折旧费及按规定提取的福利费等。这些均是按有关制度规定支出的，都是经营管理人员无法通过努力来改变其数额大小的，因此属于不可控成本。

此两类成本主要是为成本控制的分工和重点掌握提供论据。基层部门以可控成本控制为主，高中层则以不可控成本控制为主。

（3）按与产品形成的关系，划分为直接成本和间接成本

所谓直接成本，是指在产品生产过程中直接耗用而加入成本中的成本。其主要包括原料成本、酒水成本和商品成本三部分。如餐厅烹制菜肴和制作点心所需的各种原材料费，如主料、配料、调料等就属于直接成本。

所谓间接成本，指那些不属于产品成本的直接支出，而必须用其他方法分摊的各项耗费。如工资、水电费、燃料费、修理费、固定资产折旧及销售费用等。此类划分的作用，在于为部门和企业成本核算提供理论依据。部门以直接成本核算为主，企业以间接成本核算为主。

2. 餐饮成本核算与成本控制的认知

开餐厅绝不是一件容易的事，除了菜品可口（优质产品和差异化概念）和占据绝佳的地理位置之外，还得担得起"三高"（租金、人力、原材料采购）的费用，经得住消费者日复一日的挑剔。很多餐厅经营者日夜无休——白天在餐厅忙前忙后，深夜还不能休息，在灯下清点一张张单子，核对一笔笔账目，盘点今日的损耗，计算明日的供需。

毫无疑问，要想开一家赚钱的餐厅，经营者必须学会精打细算，成本分析则是第一步。在很多餐厅内部，财务已经沦为简单的记账工具，人们提到成本分析想到的就是为餐厅省钱。这无疑是一种极其错误的观念。

成本分析是经营餐厅的基础，它的目的绝不仅仅是省钱，更重要的是把钱用对地方，帮餐厅经营者更好地赚钱。

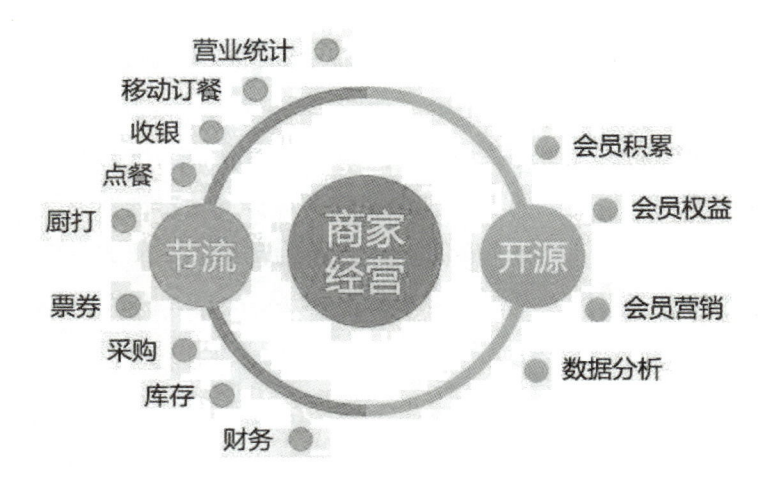

成本分析确实细碎又繁杂，鉴于此，下面提供了成本分析的有效工具——"三看法则"。

（1）一看成本差异：从差异中解读成本控制

有比较才有差异，比较的标准就是菜品研发之初制订的菜品成本标准卡，成本标准卡不仅可以保证菜品标准化，也是成本控制的有效工具。当实际成本与标准成本出现差异时，餐厅经营者需要思考两方面的问题。

	菜品	成本	售价	利润	成本利润率
No.1	烤土豆	0.23元/份	12元/份	11.77元/份	5,117%
No.2	烤韭菜	0.61/份	12/份	11.39/份	1,867%
No.3	烤茄子	0.82/份	12/份	11.18/份	1,363%
No.4	烤金针菇	1.03/份	12/份	10.97/份	1,065%
No.5	烤香菇	1.18/份	12/份	10.82/份	916%
No.6	毛豆	1.78/份	18/份	16.22/份	911%
No.7	花生	2.57/份	18/份	15.43/份	640%
No.8	烤羊肉串	0.57/串	3/串	2.43/串	426%
No.9	烤牛肉串	0.66/串	3/串	2.34/串	355%
No.10	烤肉筋	0.35/串	1.5/串	1.15/串	329%
No.11	烤香肠	1.59元/串	6元/串	4.41元/串	277%
No.12	烤鸡脆骨	0.9/串	3/串	2.1/串	233%
No.13	烤鸡翅	2.44/串	7/串	4.56/串	187%

第一，成本标准卡的制订是否合理。

在菜品研发之初，肯定存在一些考虑不周的情况。因此，在制作成本标准卡的过程中，餐厅经营者会依据与实际成本对比的偏差值不断进行修正，让成本标准卡尽可能准确，相当于产品内测。建议餐厅经营者在推出新菜品时，挑选一两个门店进行测试，每日进行比对和调整。

第二，实际操作中的偏差。操作中的不确定性，导致中餐的标准化难度较大，实际成本不太可能跟成本标准卡完全一致。因此，在制订成本标准卡时，餐厅经营者需要根据实际情况制订一个合理的误差范围。

如果实际误差超出了合理误差范围，餐厅经营者应分析是供应链出了问题，还是员工操作不规范。如果是员工的操作问题，说明餐厅的员工培训工作需要改进。如果是供应商以次充好，导致原材料净料率下降，就该为他敲响警钟了。

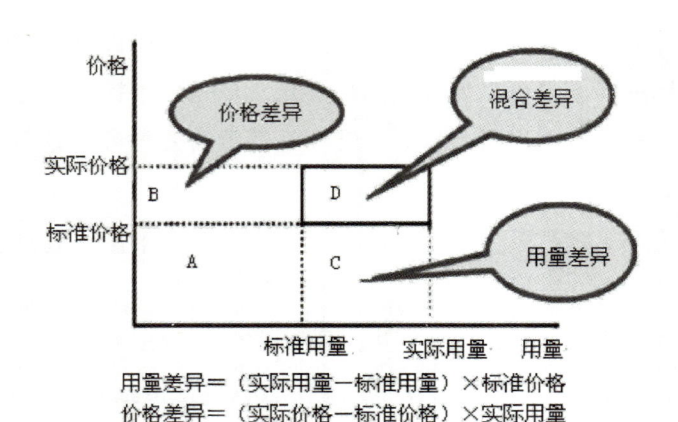

```
价格
      价格差异        混合差异
实际价格 ┌─────┬─────┐
        │  B  │  D  │
标准价格 ├─────┼─────┤
        │  A  │  C  │   用量差异
        └─────┴─────┘
            标准用量 实际用量  用量

用量差异 =（实际用量－标准用量）×标准价格
价格差异 =（实际价格－标准价格）×实际用量
```

某高档餐厅常年将食材浪费率控制在 5%—6%，诀窍有二：第一，准确预测每日用量；第二，用浪费记录表，如果出现大量的浪费，当日主厨需做出解释。

（2）二看原材料结构：从成本端看供应链端

在分析原材料成本时，可以将原材料归类分析，看每个大类占的比例、需求和价格情况。

原材料的归类分析，可以帮助餐厅了解每类原材料的需求情况，从而在选择供应商时能提供明确的指导。从库存管理的角度来说，此种做法也便于安排最佳的进货时段。柴米油盐、调料和干货类原材料的采购频率相对较低、单次采购量较大，因此了解供货商的送货时间，根据需求制订此类原材料的购货计划十分必要。

第一，定期盘存。这是一种较好的操作方式，便于餐厅推算出剩余原材料的使用时间，并提前制订采购计划。

第二，制订安全库存。这种方法需要餐厅经营者准确预测原材料的日均用量，制订出安全库存标准，当实际库存低于安全库存标准时，则下单。此方法在保证原材料不缺货的同时，还能让库存成本和进货成本降至最低。

📁 **小贴士：**

> 原材料结构也是监管采购部门的有力工具。通常来说，一家稳定经营了一段时间且菜品没有出现重大变化的餐厅，各项原材料的比例应该维持在一个正常的范围之内。如果餐厅经营者发现某项原材料的订货量频繁增加，在排除销量猛增的因素之后，便意味着采购环节可能出了问题。

（3）三看销售结构：从成本数据倒推销售策略

成本分析有时也会对菜品的销售层面产生直接影响，让我们看看下面的例子。

🍴 **案例：**

某家餐厅有两道菜品——土豆牛肉和辣子鸡丁。土豆牛肉的毛利率是60%，辣子鸡丁的毛利率是70%。卖出不同数量的土豆牛肉和辣子鸡丁组合，餐厅的综合毛利率大相径庭。这一点体现在成本数据上，就是不同的原材料（牛肉和鸡肉）比例。

不同的菜品销售组合的毛利率不同：

土豆牛肉	辣子鸡丁	毛利润
销售额 4 000 元	销售额 6 000 元	6 600 元
销售额 6 000 元	销售额 4 000 元	6 400 元

3. 餐饮原材料采购要点

餐饮原料物品的采购是餐饮企业进行成本控制、提高利润、进行经营管理工作的一项重要内容。因为餐饮企业菜品的质量稳定，餐饮成本的控制及能否形成餐饮企业独特产品风格都依赖于餐饮原料和物品的供应。

（1）餐饮原料采购的基本原则

第一，以适用为标准原则。餐饮企业采购原料的好坏，取决于其是否按照菜单需要采购适合于制作各种菜肴的原料，并不是说质量好就是最好的食品材料。事实上，餐饮企业也并非所有的菜肴都需要最好的原料才能制作。

烹制红烧肉就不必采购上等的里脊肉，制作番茄沙司的西红柿也不必采购大小匀称、外形完美的原料，否则，红烧肉、番茄沙司的食品成本必然会超过预期的标准，从而影响获利。

第二，满意价格原则。餐饮管理者都希望以最低的价格采购食品原料和物品，但是从实际操作来看，这根本不可能做到，它受许多因素的影响，采购时满意的价格并不等于最低的价格。因此，满意价格比较现实的理解是能够以低于市场价的进货价格采购所需要的食品原料。因为餐饮企业的进料数量大、进货频率高，完全可以享受批量折扣的待遇，因此高于市场价格进货显然是不正常的。以低于市场的价格进货应该是一个普遍的采购原则，至于低多少只能根据企业所处的市场环境和企业自身的情况来决定。

第三，适量采购原则。原料采购的数量应根据餐饮企业自身的需求来确定，不同的时间、不同的季节和不同的接待情况都会影响原料的进货效率，原料的采购数量应该根据每天的消耗量、库存量的大小及储存空间的多少进行合理的安排，绝不能受制于供应商的送货数量或者进行盲目采购，造成库存积压、资金浪费和原料的损耗。

第四，适当时间采购原则。在适当的时间采购所需的食品原料，其目的首先是要保证原料的供应，避免原料的缺货、断档，以免影响正常的餐饮服务；其次是要尽可能地减少库存，降低库存费用、资金的积压，减少原料由于过早采购消耗不掉而造成损失。最理想的进货数量是实现零库存，也就是在最恰当的时间订货，由供应商在需要的时候把货送到餐厅，这样既能保证原料的使用，又能节约资金及仓储费用，同时保证了原料的新鲜品质。

第五，安全进货渠道采购的原则。选择供应商，不能只考虑在质量一致的前提下价格最优惠，还应该能够配合我们餐厅的经营需要，能够提供各方面的优惠，尤其是要保证按时供货，不会以次充好、缺斤短两，讲信用的供应商才是我们理想的进货渠道。

（2）餐厅采购人员选配

餐饮企业想要做好采购工作必须要有合格的采购人员。采购本身是一项复杂的业务活动，必须具备必要的经验和知识，采购活动也直接影响到企业的成本控制，有人认为一个好的采购人员可以为企业节省约5%的餐饮成本。可见，采购人员的选择是十分重要的，一个合格的采购人员应具备以下几项条件：

- ◆ 要熟悉和了解原料供应市场情况。采购员必须熟悉食品原料、饮料的销售渠道，熟悉餐饮企业所在地各个批发商和零售商，了解食品原料的市场行情。
- ◆ 掌握食品饮料的相关知识。要懂得如何选择各种原料的质量、规格和产地，在什么季节购买什么产品，什么产品容易存放，哪些原料相互之间可以进行替代使用。这些知识对原料的选择、采购数量的决策有很大的决定作用。
- ◆ 了解企业的经营与生产情况。要熟悉企业的菜单、熟悉厨房加工、

- 切配及烹调的各个环节，熟悉本企业餐饮的风格特色，掌握本企业的经营风格和市场定位，了解在本企业的储存条件，掌握各种原料的损耗情况、烹调特色、加工的复杂及难易程度。
- 掌握最佳采购时机。采购员必须清楚如何、何时、何地可以采购到高质量的食品原料、物资、材料、设备及可以享受到的各种优惠条件。
- 熟悉企业的财务制度。充分了解企业的财务政策、付款条件及时间，熟悉各种结算方法和程序，这样才能和供应商接洽谈判，达成协议。
- 具有职业道德和进取精神。采购员必须有高尚的道德标准，拒绝贿赂，诚心对待供应商，更能以企业的利益为重，时刻维护企业的利益。

（3）餐厅供应商选择

选择原料供应渠道，一是要看原料质量，二是要看价格。只有在原料的质量符合企业制定的质量规格标准的前提下，才能选择出价格最低且质量有保障的货源。值得注意的是，对于供应商的选择，不仅要注意原料的品质与价格，而且还要看供应商能否配合我们的日常活动，在非常情况下能否提供支持，能否提供优惠的条件等因素结合起来考虑。

具体来说，对供应商的选择主要有以下几个要素：

- 从控制成本的角度来说，在质量一致的前提下，考虑原料进货价格的高低。现在出价低的供应商往往是优先选择的渠道。
- 考虑交通和地理因素。如果品质没有问题，一般应优先选择本地的供应来源。
- 避免陷于一种来源采购，应该选择两家或多家供应来源，以避免因人为的或天灾的因素导致原料供应中断，影响餐饮业务的正常运转。
- 要考虑供货单位能否提供各种赞助，能否放宽付款的期限及其他的优惠条件。
- ◆ 要考察供应商能否理解餐饮企业的经营政策，是否愿意配合各种业务活动，是否有能力与经营品种的变化相适应。
- ◆ 要考察供应商是否愿意提供有关原料、行业动向及竞争对手的有关信息。
- ◆ 要考察供应商的忠诚度和利益冲突问题。应尽量选择信用良好的供应商，否则即使价格低廉，也不应给予考虑。而如果竞争对手的原料供应也是由同一供应商提供的，应该事先权衡得失再加以考虑。

无论选择哪一家供货渠道，都必须坚持"货比三家"的原则，只有这样才能获得令人满意的原料供应，并且能有效进行成本控制。

4. 采购成本的控制方法

餐饮成本控制最重要的环节就是采购成本控制，采购成本控制不仅仅体现在以最低价格进行采购，而是以最小的投入获得最大的产出。

采购价格控制是整个采购管理中最困难的工作。这是因为采购价格受到多种因素的影响，主要因素包括：

第一，信息获取不充分导致采购价格偏高；

第二，有关的采购人员与供应商密谋串通，收取回扣致使采购物品、食品原料价格偏高等。另外，餐饮企业所使用的原料价格变化最大、最快，因此很难掌握和控制。

特别是那些鲜活类的原料，其售价几乎每天都在变化，有时上午和下午的价格都有区别。也正因为如此，餐饮企业对采购价格更要设法控制。采购价格控制的目标：防止有关采购人员从中徇私舞弊，保证采购物品价格的合理性。

根据餐饮企业原料采购工作的特点，采购价格控制的方法主要有以下几种：

（1）三方报价控制法

"三方报价"的方式控制采购工作，即在订货前，均需征询 3 个或 3 个以上供应单位的交货价格，然后确定选用哪家供应单位的货品。

其具体做法是：

- ◆ 首先，采购部门按照清单的要求组织进货，签订合同之前，向有关供应单位询价并填制报价单，包括：第一，填写报价单中所需要的货品名称、规格、数量、包装、质量标准及交货时间，邮寄或送交供应单位（至少选择 3 个供应单位），要求供应单位填写价格并签名退回。第二，对于交通不便的外地供应单位，如果采购期限较短，可用电子邮件、传真或电话询价。用电话询价时，应把询价结果填在报价单上并记下报价人的姓名、职务等。第三，写个简单的报告，说明询价方式及其全部过程，并提出采购部门的选择意见和理由，连同报价单一同送交给有权批准进货价格的负责人员。

- ◆ 其次，有权批准进货价格的人员，根据提供的有关报价资料，参考采购的意见，对几个供应单位报来的货品价格、质量及信誉等进行评估，圈定其中一家信誉好、质高及价廉的供应单位。

- ◆ 最后，供应单位圈定后，由采购部门向其订货并签订订货单或订货合同。用三方报价的方式圈定供应单位后，采购部应将所定的价格汇总整理，打印成一式多份的"价格表"，送交有关部门和人员做稽核价格和计算成本之用。

这种方式主要适用于不需要经常进货、储存期较长的干货类原料和物品，因为这些原料和物品有较长的进货时间可以供询价及进行价格审核。由于每天需要进货的鲜活类食品原料这种方法的手续过于烦琐，周期较长，因此不太适应业务的需求。

这种方式的优点是审批价格的人员不直接与各供应单位打交道，而且审批价格的人员一般是餐饮企业高层管理人员，这有利于防止出现与供应单位串通舞弊的问题，也能够保证餐饮企业的采购价格带有竞争性。

（2）实地调查价格控制法

餐饮业一种比较传统的价格控制方法是让管理人员每天亲自到原料供应地（比如农贸市场、菜市场、供货单位等）调查原料的价格，然后与每天采购的原料价格进行对比，并从中发现问题，进而对价格进行调整和控制。

这种方法的好处是管理人员能够掌握第一手资料，无形中对采购人员形成压力，也使管理人员掌握各种货源的变化情况及原料的有关信息。但这种方法需要管理人员有较强的耐心和毅力，同时由于时间短促，不可能了解到比较全面和充分的价格信息，有时候会出现偏差。

（3）同行之间的信息交流价格控制法

这种方法主要是通过餐饮业同行之间互相沟通原料价格信息，实现对价格的调整和控制。实际上，对餐饮原料价格的控制，并不是要对所有的原料都进行了解，因此完全可以通过与其他饭店进行主要原料、采购金额较大原料价格的互相沟通，进而了解每天通过哪些渠道能够以何种价格采购到某类原料。如此，就可以对采购的原料进行事后控制，以防止以后的采购价格出现过大的偏差。

（4）财务人员监控法

财务人员监控法的做法，是把餐饮企业每天需要进货的原料罗列在一张清单上，列明平均每日采购的数量，由财务部人员轮流每天去市场直接询价，然后把采集到的价格信息与采购人员的采购价格进行对比，进而分析采购价格的高低。这种做法容易形成制度化，而且由财务部人员轮流进行询价，无疑对采购人员和财务工作人员提高工作责任心都有好处。

（5）征求供应商意见控制法

餐饮企业定期或随时收集和征求供应商对本企业采购、验收、结算付款等方面的意见，以改善餐饮企业采购的运作，这是争取外界对本餐饮企业工作人员监督评价的方式。这种方式是一种外部监督，能有效地揭露采购人员效率低下、营私舞弊等问题。

主动争取供应商投诉，通常有以下几种形式：

◆ 设置投诉信箱，由餐饮企业经理负责开启、审阅、处理；
◆ 公布投诉电话，或在给供应商的有关单据上印上投诉电话号码；
◆ 定期向供应商寄送征求对本企业采购工作意见的表格，餐饮企业管理人员对反馈回来的意见较大的供应商应进行单独访问，做详细调查和了解。

5. 采购数量的控制方法

原料的采购数量直接影响着仓储费用和人工费用。因此，餐饮企业应该根据餐厅的经营特点，制订合理的采购数量。通常采购数量受到菜肴的销售量、食品原料的特点、储存条件、市场供应情况和标准库存定额的影响。

（1）每日进货原料的数量控制

餐饮企业每天需要进货的原料主要是新鲜的蔬菜、水果、水产品及新鲜的奶制品等。这些原料最好当天使用完，隔天再进行采购，这样既可以保持食品原料的新鲜度，又减少了原料的损耗。对于这些采购频率较大的食品原料，要求采购人员每天检查厨房及仓库的库存量，预计第二天的原料使用量，然后计算出每种原料需要购买的数量，计算公式为：

原料采购数量=第二天需用量-原料现有量

鲜活食品原料中，有些原料的消耗数量比较稳定，这些原料可以采用长期订货法进行采购。长期订货法要求供应商以固定的市场价格，在一定时期内每天向餐厅供应规定的食品原料。

（2）干货类原料和物品的采购数量控制

干货类原料，是指可以储存较长时间的食品原料。这类原料包括粮食、海味、干货、香料、调味品和罐头食品及各种冷冻储存原料。许多餐饮企业为减少采购工作的程序和工作量，将干货类原料的采购量规定为每星期或一个月使用量；将冷冻储存的食品原料的采购量规定为数天或1—2星期的使用量。

干货类原料的采购数量一般都采用最低储存量采购法进行控制。最低储存量采购法是对各种干货类食品原料分别制订出最低储存量（采购点储存量），当食品原料的库存量达到或接近最低储存量时就进行采购的方法。

这种方法要求随时记录原料的进出库和结存情况，及时发现那些已经达到或接近最低储存量的原料，并计算出采购数量，发出采购通知单。

原料采购数量的计算公式为：

原料采购量=标准储存量-最低储存量+日需要量×发货天数

标准储存量是某一种原料平均日需要量与这种原料计划采购的间隔天数相乘，再加上一定的保险储量，计算公式为：

原料标准储存量=日需要量×采购间隔天数+保险储存量

保险储存量是为防止市场的供应问题和采购运输问题预留的原料数量。日需要量是餐饮企业每日这种原料的平均消耗数量。

最低储存量是指某种原料数量降至需要采购的数量，而又能维持到新原料送到的时候，这个数量称为最低储存量。其计算公式为：

最低储存量=日需要量×发货天数+保险储存量

6. 餐饮企业成本控制的重要环节

经营餐厅要做好两件事：一是营销，二是削减成本。成本是企业生存和发展的重要话题。对于现在的大部分餐企来说，微利时代，不实行低成本运营就难以生存，可谓"成本决定存亡"。

从某种意义上来讲，成本决定一个企业的竞争力。

（1）采购环节

采购进货是餐厅经营的起点和保证，也是菜品成本控制的第一个环节，要搞好采购阶段的成本控制工作，就必须做到以下几点：

- ◆ 制定采购规格标准，即对应采购的原料，从形状、色泽、等级、包装要求等诸方面都要加以严格的规定。当然，并不要求对每种原料都使用规格标准，仅对那些影响菜品成本较大的重要原料使用规格标准。

- ◆ 餐厅只应采购即将需要使用的菜品原料。采购人员必须熟悉菜单及近期餐厅的营业情况，使新鲜原料仅够当天使用。

- ◆ 采购人员必须熟悉菜品原料知识并掌握市场动态，按时、保质、保量购买符合餐厅需要的原料。

- ◆ 采购时，要做到货比三家，以最合理的价格购进尽量优质的原料，同时要尽量就地采购，以减少运输等采购费用。

- ◆ 对采购人员进行经常性的职业道德教育，使他们树立一切为餐厅的思想，避免以次充好或私拿回扣。

- ◆ 制定采购审批程序。需要原料的部门必须填写申购单，一般情况下由厨师长审批后交采购部，如超过采购金额的最高限额，应报餐厅经理审批。申购单一式三份，第一、第二联送采购部，第三联由申购部门负责人保存，供以后核对使用。

（2）验收环节

餐厅应制定原料验收的操作规程，验收一般分质、量和价格三个方面的验收。

- ◆ 质：验收人员必须检查购进的菜品原料是否符合原先规定的规格标准和要求。
- ◆ 量：对所有的菜品原料查点数量或复核重量，核对交货数量是否与请购数量、发票数量一致。
- ◆ 价格：购进原料的价格是否和所报价格一致。

如上述三方面有一点不符，餐厅应拒绝接受全部或部分原料，财务部门也应拒绝付款，并及时通知原料供应单位。如验收全部合格则填写验收单及进货日报表。

（3）库存环节

库存是菜品成本控制的一个重要环节，如库存不当就会引起原料的变质或丢失等，从而造成菜品成本的增高和利润的下降。

原料的储存保管工作必须由专人负责。保管人员应负责仓库的安全保卫工作，未经许可，任何人不得进入仓库，另外，为防止有人偷盗原料，仓库还必须定期换锁等。

菜品原料一旦购进应迅速根据其类别和性能放到适当的仓库，在适当的温度中储存。餐厅都有自己的仓库，如干货仓库、冷藏室、冰库等。原料不同，仓库的要求也不同，基本要求是分类、分室储存。

所有库存的菜品原料都应注明进货日期，以便搞好存货的周转工作。发放原料时要遵循"先进先出"原则，即先存原料早使用，后存原料晚使用。

另外，保管人员还必须经常检查冷藏、冷冻设备的运转情况及各仓库的温度，保持仓库的清洁卫生，以防虫、鼠对库存菜品原料的危害和破坏。

每月月末，保管员必须对仓库的原料进行盘存并填写盘存表。

盘存时该点数的点数，该过称的过称，而不能估计数点。盘点时应由成本核算员和保管员共同参加，对发生的盈亏情况必须经餐厅经理严格审核，原则上，原料的盈亏金额与本月的发货金额之比不能超过 1%。

第三部分

餐饮未来,模式创新

第九章

餐饮连锁——从一到百连锁经营

> 连锁是企业经营的一种形式，业界人士把它称为"现代流通革命"的一大标志。连锁经营是近 10 多年来拉动餐饮业发展的最重要的发动机。全国排名靠前的餐饮品牌无一不是连锁企业，而这些餐饮企业又因采用连锁经营模式而日益强大。

1. 连锁的魅力

连锁领域是一个容易出现国际企业的地方，像肯德基、麦当劳等，都是餐饮界的国际连锁巨头。从行业角度来看，在连锁业中，消费连锁店又是最热门的领域，如服装、餐饮、家电等行业。

改革开放的前20年，国人都忙于辛苦工作，把中国变成世界工厂；后20年，随着中国逐渐拥有了世界最庞大的民间储蓄和外汇储备，国内消费潮也一浪高过一浪。特别是餐饮行业，各种各样的连锁店已如雨后春笋般涌现，如歌力思、汉庭、俏江南、千禧之星、七天、湘鄂情、小肥羊等。

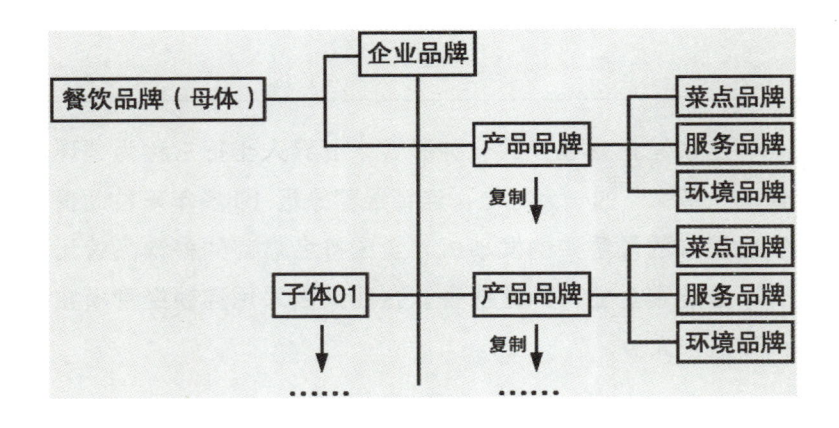

```
                    ┌─ 企业品牌
                    │                    ┌─ 菜点品牌
餐饮品牌（母体）─┤           ┌─ 产品品牌 ─┼─ 服务品牌
                    │           │  复制↓    └─ 环境品牌
                    │           │
                    └─ 子体01 ─┼─ 产品品牌 ─┬─ 菜点品牌
                        ↓      │  复制↓    ├─ 服务品牌
                       ……      │           └─ 环境品牌
                               ……
```

连锁经营在改革开放 40 年的历史中已成为中国现代商业发展的新模式，并以前所未有的速度影响着中国第三产业的发展。特别是商品流通与餐饮、服务业等领域，已成为连锁经营的领跑行业，业界人士把它称为"现代流通革命"的一大标志。

中国流通市场存在着千千万万、大大小小的店铺。几乎所有的店铺都希望不断发展壮大，希望在竞争中立于不败之地。然而，大部分店铺如过眼烟云，来也匆匆，去也匆匆，只存在很短暂的时间就被无情的竞争所淹没。有的店铺虽能辉煌一时，却终究好景不长，很快衰落。

在众多的店铺中，只有少数店铺可以维持较长的历史。有一个企业家说："如果开工厂，三年后，十家工厂中有六家能存活下来，但是如果开店铺，三年后，只有一家能存活下来。"

思考：

那么，店铺成败的原因何在？连锁企业如何才能做到快速、健康复制？如何解决异地扩张问题？如何使店铺从 1 家迅速复制扩张到 100 家、200 家，甚至上千家，实现连锁店铺的成功复制？

2. 自我审视：成功需要复制

零售行业，从一开始的单店成功，到复制连锁经营，到最后的互联网化发展的趋势。正如圣雅伦公司董事长梁伯强曾说："一个人的成功不叫成功，一个人的事业不是伟大的事业。"

市场上许多知名的连锁店早期都是由单店起家，以独资或家族的经营形态创业，而随着企业规模的日益扩大，逐渐分配股份给资深员工，越做越大，不断扩店，造就了连锁店的蓬勃发展。

甚至当下的互联网餐饮，连锁的魅力通过数据也能体现出来：

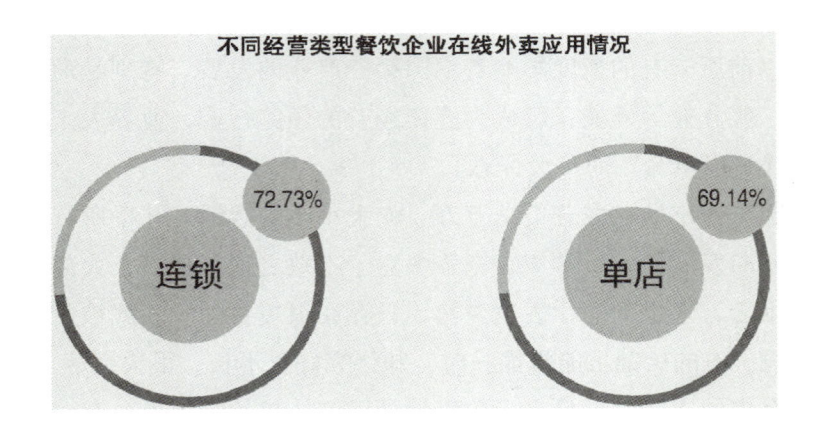

不同经营类型餐饮企业在线外卖应用情况

连锁 72.73%

单店 69.14%

作为一个从事连锁业的企业家，应该有这种意识：一个人成功不叫成功，一群人成功才是成功；一个店成功不叫成功，一批店成功才是成功。

要想做到成功，就必须做好自己的第一个店，从而对其进行复制。做单店开始不宜做大，应从小而专开始。单店一般没有太大的规模，只能从专项服务上下功夫。比如一个文具超市，什么文具都有，样样俱全，应有尽有。

如果你在某一类型做得很专业，这样就能吸引这一类型的爱好者，加上优质的服务，就会受到消费者的青睐。从这一专业的角度来讲，不失为打开市场的一条妙计。

虽说单店的成功不是成功，但只有单店成功了，才有连锁店的成功。曾有位企业家说过这样一句话："小店变大店，大店变强店，强店变名店，名店开分店。"这也道出了从单店发展到连锁的基本发展步骤。在成为连锁店之前，大多数人都有过从单店到大店到强店再到连锁店这样一个规划。规划是简单的，落实到行动中却并不是那么容易的，所以企业从小到大都需要一个长期的过程。

为了保证连锁店的长久发展，吸引消费者并拥有长期的消费顾客。在每开设一个新店前，经营者都要进行长期细致的市场考察，比如当地的生活方式，收入层次，消费水平，人口规模，增长速度，居住条件等都在考察之列。

怎么才能使自己的新店走到复制呢？有以下几点建议可做参考。

第一，树立自己的品牌。没有品牌是走不远的，成功的餐厅一开始就做品牌。所以用长远发展思路规划好自己的品牌，这是企业管理层和决策者的神圣使命。

第二，做好宣传。宣传是让人知道你的店，你的餐饮特色是什么，讲清楚为什么来我们店，来我们店能给顾客带来怎样的超值服务。

第三，做一家有特色的餐厅。所谓特色，不单单指菜品、商品的特色；从对顾客的服务、餐厅自身的装饰设置和人文精神层次的态度等方面都可以体现出来。让顾客来了温馨，食用放心，走得开心。

第四，创新是一家餐厅生存下来的灵魂。人如果没有灵魂就是行尸走肉，更会一事无成。墨守成规或一味模仿，到最后必然失败。任何一家餐厅，只有能表现出自身和其他不一样的商品或服务才能创造出附加价值，才会不断吸引顾客。

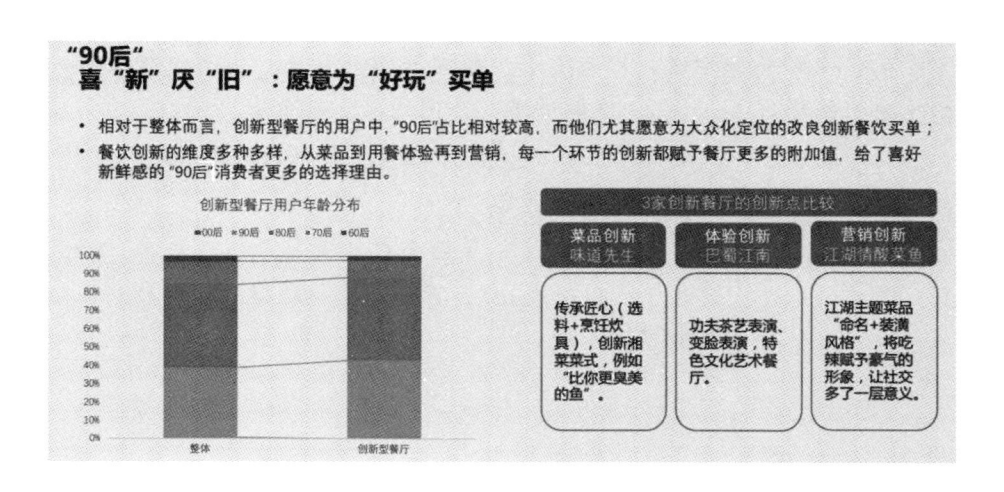

"90后"
喜"新"厌"旧"：愿意为"好玩"买单

- 相对于整体而言，创新型餐厅的用户中，"90后"占比相对较高，而他们尤其愿意为大众化定位的改良创新餐饮买单；
- 餐饮创新的维度多种多样，从菜品到用餐体验再到营销，每一个环节的创新都赋予餐厅更多的附加值，给了喜好新鲜感的"90后"消费者更多的选择理由。

创新型餐厅用户年龄分布

3家创新餐厅的创新点比较

菜品创新 味道先生	体验创新 巴蜀江南	营销创新 江湖情酸菜鱼
传承匠心（选料+烹饪炊具），创新湘菜菜式，例如"比你更臭美的鱼"。	功夫茶艺表演、变脸表演，特色文化艺术餐厅。	江湖主题菜品"命名+装潢风格"，将吃辣赋予豪气的形象，让社交多了一层意义。

第五，用发展的眼光看待事物，看待自己，看待自己的餐厅，追求店铺成长。做生意如果不追求成长或不向更高的目标挑战的话，就无法

品味出身为商人的喜悦和充实感。

第六，了解顾客的需求。只有倾听顾客的声音，满足顾客。经营事业，要顺应自然，集思广益，然后再去做该做的事，这样才能无往不利。在日常生意上，要坚持以谦虚的态度倾听顾客的看法，只要持之以恒，生意必定会日益兴隆。

第七，机会是成功的一半，好的机会造就好的餐厅。生意的成功，必须把握良机，找一个好的机会，找一个可以帮助你的合伙人或生意伙伴，找一个成功的模式，能让你快速成功。

3. 加盟连锁——餐饮企业迅速扩张的模式

加盟连锁是餐饮企业迅速做大的一种模式，313羊庄的负责人正是通过这种模式把企业做大、做强，做到了全国连锁。

案例：

几乎全世界都知道，内蒙古有一道大菜叫烤全羊！但有一种更蒙古的吃法叫铁锅烀羊——313铁锅烀羊，全国连锁300余家。

为什么313羊庄的品牌能打响，获得这么高的市场认可度呢？

这还需要从313羊庄的产品说起。

313的羊肉讲究"新鲜"二字，羊肉全部从大草原空运过来；而且313羊肉的好处，便在于"现选现切"；再加上那一碟碟秘制的蘸料，便造就了313铁锅烀羊肉。

正式开始烀羊肉了：西红柿、红枣、桂圆、枸杞、萝卜等天然食材的锅底，和着一点葱油，慢慢下锅，不断翻炒，滋滋作响，底料的香气扑鼻而来。随即放入切好的羊肉，伴随着羊肉香气的弥漫，这个时候就要加水啦！

313羊庄的汤只有纯净水和盐，吃的就是原汁原味，但是没有一丝膻腥。

这时候小料就要上场了，最纯正的蒙羊就要配上专业的蘸料：羊肉不蘸麻酱，搭配三种秘制蘸料，还原羊肉本身的鲜味。

开锅后服务员将汤面上的白色浮沫用汤勺滤去，就会为你盛上第一碗汤。清亮鲜香的羊汤再撒上碧绿的小葱花和香菜末，一口鲜香四溢至身体里的每个细胞。一丁点儿膻腥味都没有，清清淡淡。

313羊庄，精选内蒙古乌珠穆沁羊肉，现场切割，明档操作，安全美味，秘制蘸料+底料，鲜香无膻味。313羊庄面世多年，知名度高、粉丝众多，由此，不少投资者看好其稳健而良好的发展势头，意欲加盟。

那么，313羊庄加盟条件有哪些呢？

想要加盟313羊庄，需满足以下条件：

（1）热爱餐饮行业，具有浓厚的创业激情和热情，有强烈的投资欲望和正确的创业心态。

（2）具有强烈的品牌意识，高度认可313羊庄企业文化与经营理念，接受总部的统一管理，积极参与总部的各项培训。

（3）愿意全身心地投入，将313羊庄视为自己的长久事业来经营。

（4）具有较强的进取精神，有一定的经营背景和经验，有企业家的精神，具有强烈的团队合作意识，能够与人和谐相处，注重协调关系。

（5）具备一定的资金能力，能够满足313羊庄加盟店的启动资金要求。

（6）具有商业成熟，或具有潜力和消费能力的经营场所。

313羊庄起步三年，连锁店开遍全国，这与总部的正确领导是分不开的。每个月，总部都会组织全国加盟商大会，带着全国加盟商和店长系统学习如何做好思想餐饮。不仅如此，总部成立学习群20余个，分别每天由总经理带队，亲自组织大家在各群学习，不断提高职工队伍素质，打造全员当老板的目标。

4. 小门店，大连锁餐饮

为什么说小门店、大连锁餐饮具备迅速扩张的基础？

目前餐饮的小门店、轻餐饮业态受到行业追捧，原因是小门店产品可控、人员可控，面积小、风险低，还可以快速扩张。以往在餐饮加盟连锁行业，这样小而美的优秀餐饮加盟项目并不鲜见，但是最终在全国范围内真正形成有影响力的品牌并不多。

当然原因很多，其中一个重要原因是信息化系统不够普及，不能对大量的连锁餐厅形成有效的管控，在营销、收银、库存、供应链物流等方面都无法及时掌握有效数据、无法对管理决策有所帮助，因为在传统的信息化系统时代，信息化系统动辄几十万、上百万、上千万的投资，与小型餐饮连锁项目距离太远，大多数小型餐饮连锁对此只能望洋兴叹。

但是，随着移动互联网时代的到来，互联网化的餐饮经营管理系统的日渐成熟，SaaS 餐饮管理软件为小门店、大连锁店迅速扩张提供了良好的基础条件，也就是说，互联网时代的到来、科技的进步在餐饮领域的一个具体体现就是可以让哪怕最小的餐饮门店都能够用得起、用得好互联网化的餐饮管理软件。

（1）价格便宜了

科技进步的标志之一就是能让之前非常昂贵的工具更加便宜，能够让更多的人使用、享受工具带来的高效与便捷。在餐饮领域，以前的信息系统只有类似俏江南、海底捞、净雅等大型餐饮连锁公司才能够用得起，有个行业的术语叫作 IT 投资黑洞，意思是说做 IT 的投资，不知道要投进去多少，需要不断地投资，号称提升效率，当年中国人工成本没有那么高的时候，IT 投资根本无法产生应有的投资回报率，根本没有办法达成信息化系统可以降低成本、提高企业竞争力的目标。

所以，一般的小型餐饮企业，哪怕是连锁店很多的连锁餐厅，也用不起几十万、上百万甚至上千万的 IT 系统。互联网特别是移动互联网时代、以智能移动终端的普及、云计算、大数据技术的应用为标志，IT 信息化可以走进寻常餐饮人家，哪怕是最小的档口式餐饮连锁店，只要有一台移动终端，连上互联网，就可以开启以前那些花费数百万、上千万才能享受的应用，费用只需要交一点年度服务费而已，这是每一家健康运营的餐饮门店都能够承受得起的。

（2）功能齐全了

那么，小而美的餐饮连锁门店都需要哪些功能呢？除了覆盖原先传统餐饮管理软件的所有功能之外，比如收银、点菜、支付、会员、库存、物流配送、预订、排队、外卖外送等，最关键的是互联网化的餐饮管理软件前端可以与类似新美大、饿了么、百度外卖、口碑外卖等打通、方便核销；可以与支付宝、微信等网络支付打通，后端可以与供应链平台如美菜、链农、冷联天下等打通，中间可以与来餐厅的消费者打通（通过微信扫码点单支付），餐饮所有的业务环节都可以通过互联网化的管理系统实现高效管理。

（3）使用方便了

首先，消费者使用方便了，消费者可以随时随地点单支付，可以不用到店后再点单支付，可以提前下单，提前支付，到店用餐，或者自提带走用餐。其次，员工使用手机点菜宝更加方便了，一款基于智能手机的点菜宝可以实现点菜、下单、支付、查询等所有功能，省去来回跑收银台等带来的麻烦。最后，老板、管理者使用方便了，通过智能手机老板可以实时查看每一家连锁店的经营状况、管理状况，可以实时发现不同门店之间营业额、人效、坪效、能效等经营指标，可以通过消费者的反馈、投诉等及时发现餐厅的问题等。

（4）协助转型了

互联网化的餐饮管理软件不仅仅是提高餐厅的运营效率，更重要的是它能够协助餐厅实现互联网化的转型升级，达到提高结构效率，大幅度降低成本的目标。比如，透过互联网化的餐饮管理软件，消费者可以参与餐厅的自助化点单、自助化支付、自助化成为会员，在实践中可以大大节约餐厅的人工成本，实际上互联网化的餐饮管理软件协助餐厅重构了餐厅的成本结构。

（5）服务到位了

互联网化的餐饮软件与传统软件的一个重大差异在于其是否有运营服务：传统软件是不会为商户提供运营服务的，但是互联网化的餐饮管理软件，用得效果好不好，很大程度上看运营的服务是否到位，是否可以根据餐厅的自身特点、餐厅的目标客户群、根据餐厅的产品等做出符合线上运营规律的调整，因此，运营是一个非常重要的服务，如果没有互联网线上运营的服务，其最终效果会大打折扣的。

（6）更新速度快了

任何互联网化产品最终能够赢得市场的认可，一定是具有旺盛的生命力，旺盛生命力的表现就是对于市场、用户提的需求有快速响应的能力，有快速迭代更新的能力。SaaS 的技术架构理论上给了产品随时迭代更新的可能，但是技术上的可能性并不能代表现实中可以做到，现实中产品更新迭代的速度完全取决于产品的用户普及程度以及公司的技术开发实力。以哗啦啦为例，目前其产品小的迭代每周都有，大的版本迭代每月一次。

小门店、大连锁店餐饮业态，如果想做成一个有控制力的连锁品牌，必须通过管理软件实现以下最基本的管理目标：

- 所有门店系统必须使用统一的收银、会员系统，这是未来实现智能化餐厅、大数据决策的基础；
- 随着支付宝、微信支付等线上支付手段等越来越普及，品牌方必须有中央收银的能力，即线上支付的部分、会员消费的部分由总部控制，然后再由总部与各个门店做结算，这样便于总部加强对直营、加盟、合作门店的控制力；
- 总部可以管控门店核心原材料的物流供应与库存，以达到管控品质的目的；
- 老板、高管必须要有能力实时掌握每个门店的经营数据与成本数据，还有消费者的反馈与投诉，根据这些数据及时对门店运营进行管理调控。

以上的餐饮管理软件功能以往通过传统的技术手段实现起来非常复杂，技术要求高、维护成本高，因此总体投入的 IT 预算数量级都是以几十万、上百万甚至不乏投入好几千万来实现上述功能的，现在由于互联网，特别是移动互联网的快速发展，智能终端的普及，通过 SaaS 软件、云计算，餐饮商户只需要用极低的成本就可以实现以上的管理目标。因此，小门店、大连锁店餐饮业态也迎来了最好的发展机遇，谁能率先抓住机遇、率先使用与时俱进的互联网餐饮管理工具，谁就有可能在市场上占得先机、推动餐饮连锁快速发展、快速扩张。

5. 总部的人力资源管理

随着我国餐饮连锁的发展，连锁企业在人力资源管理方面的问题随着企业规模的壮大而日益突出，已经成为餐饮连锁企业进一步发展的障碍。

（1）缺乏以人为本的企业文化

有些餐饮连锁企业的人力资源部门，受到企业短期利润的驱使，将基层员工视为单纯的执行工具，不断要求提高效率，却忽视了员工的感受。

员工的主动性、创造性没有得到发挥，只是被动地工作，对企业认同度不高，普遍存在打工心态，员工流失率居高不下。

（2）对人力资源管理的作用认识不足

总部人力资源管理部门形同虚设，招聘、培训等由单店管理者说了算，总部人力资源管理的作用没有充分发挥。

（3）员工学历普遍不高，缺乏懂行的管理人员

餐饮连锁经营是一种技术含量较高的流通经营方式，也是一种高度专业化、规范化的运转体系。餐饮连锁企业急需高素质的人力资源。

- ◆ 餐饮连锁品牌经营管理人才。餐饮连锁企业需要一批既懂餐饮行业特点，又具备战略规划能力的经营管理者，实施战略规划，加强投资风险管理，实行标准化的营运。
- ◆ 餐饮连锁企业经营管理人才。餐饮企业正常的经营管理和内部管理体系的建立和实施保障，需要一支有着一定管理经验、具备现代管理理念和管理能力的职业经理人和店长后备队伍。

- ◆ 餐饮产品研发人才。以肯德基为例，其在全世界拥有的 100 多名专业技术人员，20 世纪 90 年代其就在中国建立了产品研发团队和试验厨房，每年都花费其销售额的 8%—10%的费用来专门研究产品。中式餐饮连锁企业在产品开发上，需要一支能运用现代化生产技术的研发人员，加大产品生产工业化、标准化的程度，提高食品的营养价值。
- ◆ 餐饮物流配送管理人才。现在许多餐饮连锁企业内部的支撑体系还没有健全，物流配送网点不足，原材料供应没有规范，急需一批懂得现代网络信息技术，具备物流管理知识的人才来加强企业配送中心和中心厨房的建设。
- ◆ 餐饮烹调技术人才。餐饮制作人员的烹调技术直接决定了餐饮产品的质量，而餐饮行业普遍缺乏高技能、高素质的烹调技术人员。
- ◆ 熟练的餐饮服务人员。餐饮企业不仅提供食物，还同时提供服务与就外环境。餐饮连锁企业要提高服务质量，必须培养一批具有熟练的技术本领、一定的服务艺术和良好职业道德的餐饮服务人员。

针对餐饮连锁企业的普遍问题，管理者如何有效改善人力资源管理问题？

首先，管理者如何有效改善人力资源管理问题。

人力资源是餐饮连锁企业持续发展的动力。企业必须树立人力资源是企业第一资源的观念，关心和培养员工，为员工创造良好的工作环境和公平竞争的人才环境。企业将人力资源开发与管理提到战略的高度，与企业发展的总体战略相配合。

其次，建立餐饮连锁企业培训体系。

餐饮连锁企业的人才培训不仅仅是对连锁店数量扩张的一种有力的人力资源支持，更重要的是对人力资源的质量进行符合餐饮连锁企业管理标准的再造与控制。

再次，完善企业内部的激励机制。

员工激励是餐饮企业总部人力资源管理的一个重要内容，实施有效的激励政策，可以提高员工工作的积极性和对企业的认同，从而实现企业的经营管理目标。

最后，加强企业文化的建设。

一个现代化的餐饮连锁企业，需要深厚的企业文化做支撑，企业文化的发展水平是企业成熟度与生命力强弱的重要标志。企业文化是一种黏合剂，是企业全体职工的内在认同，是企业职工在长期的生产经营实践中所形成的、共同的行为准则。在企业的日常工作中，企业文化的建设极大地改善了人际关系，管理层与员工之间、员工与员工之间，互相关心、密切合作、互相尊重，形成了对企业的强大认同感、归属感、荣誉感和依恋之情，形成了对企业的凝聚力和向心力。企业文化可以不断培养员工，使企业与员工共同成长和发展。

6. 超级店长，打造真正的领导力

什么是管理？

所谓管理，我认为核心在于"理"，而不在于"管"。但是一般管理者往往有点儿本末倒置：他们更倾向于各种规章制度的制定，试图用各种各样的"管"的手段来强制使人服从，却疏忽了对于人性的关怀，结果只能是越管问题越多，越管效率越低下。管理的本质只能是人，一个人的主观意识作用在另一个人的身上，期待另一个人能有最佳的回应。

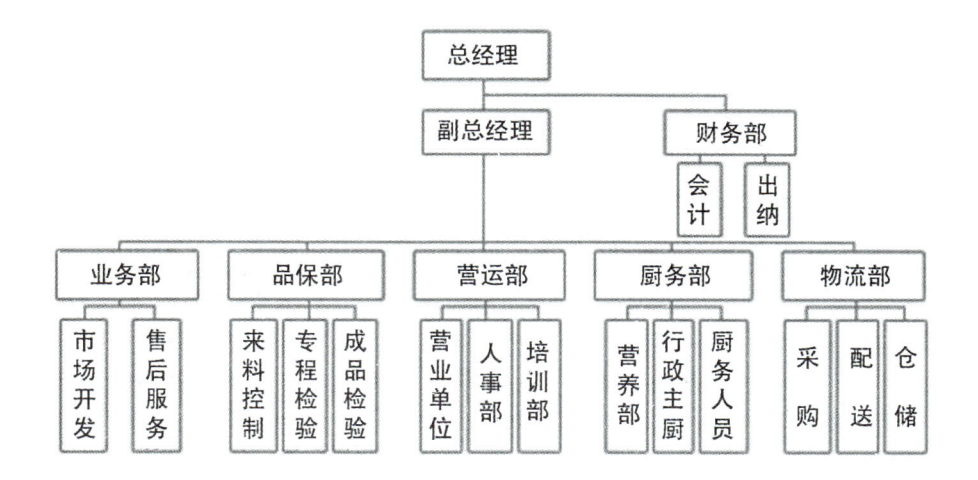

```
                    总经理
                      |
          ┌───────────┴───────────┐
       副总经理                  财务部
          |                    ┌──┴──┐
          |                   会计   出纳
  ┌───────┼───────┬───────┬───────┐
业务部  品保部  营运部  厨务部  物流部
 ┌┴┐   ┌─┼─┐   ┌─┼─┐   ┌─┼─┐   ┌─┼─┐
市 售  来 专 成  营 人 培  营 行 厨  采 配 仓
场 后  料 程 品  业 事 训  养 政 务  购 送 储
开 服  控 检 检  单 部 部  部 主 人
发 务  制 验 验  位         厨 员
```

超级店长，如何打造真正的领导力？

（1）超级店长可以刺激员工强烈的精神需求感

每一个员工都希望在工作中被认可、被肯定，以补给对精神食粮的需求。不同的是，有些员工对精神食粮的需求感较强烈，而有些较弱。对于比较强烈的员工，超级店长只需稍加引导，他们就会自觉地努力补给。而对于较弱的员工，超级店长就可以刺激他对精神食粮的需求感，从而提高他的自觉、主动和争取。一旦员工有了对精神食粮的依赖，那么自觉、努力就成了习惯，慢慢的，优秀也成了一种习惯。

那么，如何刺激员工强烈的精神需求感呢？其实很简单，只要做到尊重员工、信任员工、欣赏员工、放权给员工等即可。

（2）超级店长会留给员工发挥的空间

作为一个餐厅的超级店长，如果事必躬亲就会让自己事事清楚，事事给出指导意见，则事事放心；但对员工而言，并非有很大的好处。长此以往，员工容易养成惰性，积极性和责任心也大大降低，把责任全推给管理者。情况严重者，会导致员工产生逆反心理，即便工作出现错误也不情愿向管理者提出改进意见。

超级店长只为员工画好蓝图、定好目标和游戏规则，而把大部分空间留给员工，让他们自己发挥。一般他们会做得比超级店长的期望值更高。同时员工的成长，将为超级店长的工作带来更大的贡献。

（3）超级店长应该为员工制定优秀的工作流程

在餐厅中，员工最重要，而对于员工最重要的是工作效率。一项工作是否有效率、是否被出色地完成，关键有三点：一是在规定时间内完成的；二是完成规定数量、质量的工作任务；三是跟预期的想法、表现等相符合，甚至更杰出。

为了提高员工的工作效率，餐厅店长就务必要制定优秀的工作流程：

由店长或者负责人首先做好计划，再将任务分配给每个员工；

分解各自的任务，细到工作计划可以分配到每天、每小时，这样的分解，不仅可以使自己不浪费时间，而且能更好地侧重重点，促进准时完成任务；

沟通确认，从大的目标到小的注意细节，进行每一步的确认，只有达成共识，才不会走上岔路，不会浪费时间。

餐饮店长例会技巧表格

进程阶段	详细内容	重点、要点	方法及技巧
前10分钟	准备相关资料	餐饮店信息，销售数据，当天计划	确定标准后可以授权款台完成销售数据的统计
第一部分	员工列队集合，由店长点名并检查员工的仪容仪表包括名牌的佩戴情况	仔细认真地检查各项仪容仪表要求，避免员工遗漏小的细节，培养他们认真的工作态度	可以运用游戏的方式检查员工，以活跃员工状态
第二部分	向员工传达最新的餐饮店信息（变价通知、新的促销活动、菜品有新款……）	注意宣布事项的清晰和准确，并随时留意员工对餐饮店政策变动的反映和理解程度	可以随时抽查一个员工，复述你传达的内容，考核员工掌握和理解的程度

续表

进程阶段	详细内容	重点、要点	方法及技巧
第三部分	对昨天餐饮店销售及运营进行分析和总结（业绩的完成情况，在销售过程中出现的问题……）	看重历史销售中可能对今天工作有提升和帮助部分的分析与讲解	销售时段的分布，昨日畅销款的特点及成功推销的案例
第四部分	例会培训：按照制订的培训计划，利用例会的时间对员工进行规范化培训	简洁、直接的培训课程实践，避免过于复杂	运用每天学习多一点的方法，例如，每天学习一种顾客类型或针对曾经发生的服务案例进行深入的分析
第五部分	员工状态调整：运用游戏及表扬等方式调整员工工作状态	在会议的进程中要观察员工的精神状态，发现问题应尽量在正式工作前化解	利用小故事、小幽默缓解员工的沉闷状态
第六部分	回顾例会重点：简单回顾会议的内容，特别强调应注意的重点	确保每个员工已经清楚了解并掌握了会议的重点	以随机提问的方式来了解会议重点的掌握情况

（4）超级店长要学会表扬下属

管理是一个人的主观意识作用在另一个人身上，期待另一个人能有最佳回应的过程。超级店长将自己的主观意识作用到员工身上，员工有了好的工作表现，这就是成功的管理。但是对于管理者，还必须继续进行连续的意识作用，即成功管理后的表扬与认同，只有这样，管理才能良性地循环下去，员工的表现也将越来越好，直到成为一种自身的习惯。

（5）超级店长具备的基本管理素质

超级店长对自己要求严格、对员工要求严格都没有错。但凡事都要适可而止，更不可强制。要明白，在餐饮行业大部分员工只能把工作当作一份职业，一项不得不去做的任务。作为超级店长，首先要让员工工作得快乐，然后才能让他像主人一样对组织负责。不能因为管理不当，而招致员工的不满。

所以，作为超级店长，一定要具备基本的管理素质。

第一，令人尊敬的人格魅力。餐厅超级店长的首要素质不是所谓的学习、创新等，而是人格魅力。只有一个具备人格魅力的领导，才能打动员工、吸引员工，赢得他们的依赖和信任。

超级店长的自我管理，首先是自我人格魅力的修炼。而人格魅力的最高境界是具备优秀的职业素养。

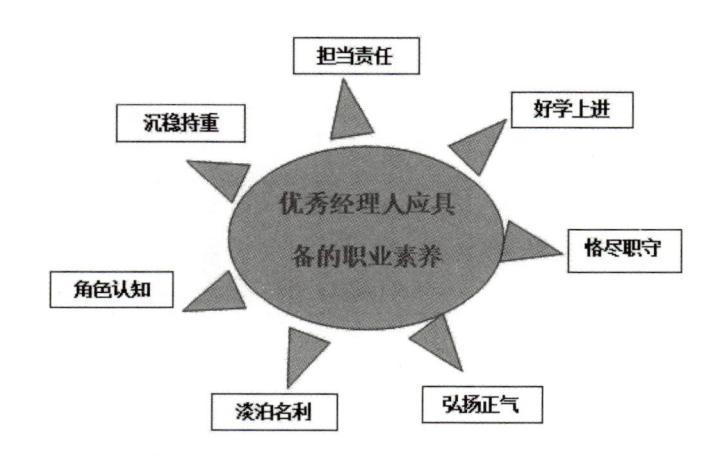

优秀经理人应具备的职业素养：担当责任、好学上进、恪尽职守、弘扬正气、淡泊名利、角色认知、沉稳持重

一个领导者的人格魅力可以表现在多个方面，比如亲切、宽容、正直、严谨、有学识、守信用等。尤其是亲和力，更是一种感召力、凝聚力。许多情况下，超级店长个人品德、情操产生的亲和力与管理之下权力所产生的效力成正比，即亲和力越强，员工对你的管理越配合、越积极；反之，亲和力越弱，管理所产生的效力越少。

第二，优秀的人际协调能力。超级店长必须具备优秀的人际协调能力，而最主要的就是说服他人的能力，既能向投资方要资源，又能向员工要成果。超级店长的日常工作之一就是人际关系：工作计划的传递、执行困难的反馈、日常经营的现状都必须在人与人的沟通中反映出来，更要在沟通中不断地加以解决。超级店长需懂得如何营造融洽欢畅的气氛，如何运用方法进行协调，最终说服他人，解决问题。

第三，丰富的管理学理论。超级店长只有具备丰富的管理学理论基础，才能更有效、更科学地指导和管理员工。而单凭一般的管理经验或者临时去想、去找，难免就会出现各种差错。理论指导实践，通过掌握科学的管理学理论，建立适合本组织的可复制的管理体系，是优秀管理者的必备素质。

第四，合理适度的创新。超级店长必须要有创新的管理思路，绝对不能人云亦云，仅仅做好手头的工作并不需要太多的管理思路，但如果要带领团队去获得更新的成果、创造新的价值则必须要有创新的管理思路，能想常人所不能想，能不断地有新的思维火花出现。

第五，持之以恒的学习能力。对超级店长而言，只有不断地学习，才能获得、积累和创造新的管理方法，才能更好地改善员工队伍的素质，提高员工的业绩。另外，超级店长的主动学习，也可以为组织打造一个良好的学习环境，以促进学习型团队的建立。

第六，有效的执行力。"光说不练假把式，光练不说傻把式，又说又练才是真把式。"作为超级店长，拥有了以上5个素质外，必须要具备有效的执行力。一般人往往是脑子比手快，什么都想到了，但是最后没做，也只能是枉然。作为超级店长，应该及时发现问题、分析问题，并且有效地解决问题，这样才能提高员工的能力，促进餐厅的发展。

第十章

互联网+餐饮——餐饮商业模式的变革

如何帮助餐饮企业经营者全面、系统地了解互联网思维？传统餐饮企业在快速发展的移动互联网大潮中，如何快速摆脱互联网恐惧症，建立具有竞争力、适应性、持续性的互联网思维模式，提升餐企经营管理服务水平及从业人员素质，敢于尝试一些新的商业模式，助力企业快速转型升级。

1. 餐饮信息化与互联网化的不同

餐饮信息化就是利用计算机及计算机网络技术，用平板电脑、触摸屏及无线点菜设备代替手工作业作为服务终端，以网络作为数据传输渠道，以餐饮信息化管理软件作为管理平台，将餐饮企业的各种业务如前台营业、采购、库存、财务、数据统计、会员管理、人员考核、连锁管理等工作进行系统的数字化管理，从而达到稳定安全、准确高效地管理餐厅的目的。

随着中国餐饮业的不断发展，越来越多的餐饮企业使用信息技术来提高自身的管理水平，把中国的传统饮食与现代信息化管理有机地结合在一起，为企业的做大、做强、管理规范化起到至关重要的作用，餐饮企业的管理目的是成本控制、运营控制，其最终结果表现为效率和效益。而要达到这一目的，管理数据的及时性、准确性、完整性、有效性是至关重要的，而这些特性恰恰是信息系统最为重要的特点。

由此可以看出，餐饮信息化系统完全是用于企业内部的管理之用，从点菜、收银、采购、库存、业绩考核、连锁管理等通通都是由企业内部人员操作，即便是涉及消费者的会员管理系统，也基本是单向沟通，大多是餐厅向会员发一些促销信息，很少是由消费者通过会员系统与餐厅开展双向沟通、反馈信息的。

那么，什么是餐饮的互联网化呢？

餐饮的互联网化概括总结起来可以从 5 个方面开展，即商业模式互联网化、产品体验互联网化、市场推广互联网化、产品销售互联网化、采购供应链的互联网化。

(1) 商业模式互联网化

商业模式互联网化，就是基于互联网餐饮业有了全新的商业模式。比如，北京的一家社区餐饮连锁店川鱼婆，是一家真正意义上的互联网自助餐厅，消费者一进门就需要扫二维码、自助点菜、自助成为会员、自助结账买单，这大大提高了效率、节省了人工，还积累了消费者的所有消费数据，为进一步精准营销打下扎实的基础；再比如笨熊造饭，一家无店铺外卖餐厅，通过互联网打造了生产、销售、物流配送三网合一的外卖商业模式，引起业界及投资界的极大关注；还有更早一些的3W咖啡，所谓众筹咖啡模式，通过筹资金、筹人脉、筹资源，可以吸引众多有创业梦想的人以极低的成本开始自己的创业、寻梦、追梦之旅，开创了基于互联网时代餐饮创业的崭新模式。

(2) 产品体验互联网化

尽管业界有一个著名的段子，就是马云再厉害，也无法通过互联网吃一碗面，意思是吃面你总是要到餐厅去吃的，即便通过外卖送到家，也还是通过线下的物流配送，似乎与互联网没有多大关系。但是餐饮的出品体验也是可以互联网化的。这方面做得比较早的是雕爷牛腩。雕爷牛腩通过几个步骤，先是渲染从香港食神手里花重金（500万）购得牛腩面的配方，然后遍请北京娱乐圈各路明星到尚未开业的店内做试吃活动，号称内测，手法也是互联网公司惯用的邀请码制度，吊足了各路明星与媒体的胃口，直至请到日本AV明星苍井空来为雕爷牛腩开业站台引发雕爷牛腩知名度空前高涨；餐饮出品方面只做12道菜品，菜品研发、迭代甚至起名都听取消费者的意见（参与感策略）；餐具体验做到极致，专门定制，据说是符合嘴唇接触到碗的边沿时最舒服的曲线碗（符合人体工效学特征的碗），如此等等，将用餐体验互联网化做了一个非常不错的探索，堪称餐饮产品体验互联网化的一个样板。

（3）市场推广互联网化

市场推广互联网化的标版无疑应该首推黄太吉。黄太吉将路边煎饼做成一个品牌化的小而美的餐饮项目，尽管黄太吉的成长路一直伴随着各种不同的质疑声音，但从来没有影响到黄太吉从 2012 年初创时期一路发展到今天，2 年内从 4 000 万元的估值一下子蹿升至 12 亿元，面对市场各种质疑的声音，投资人还专门撰文澄清，说我们为什么要投资黄太吉，为什么他们的估值可以这么高。黄太吉的创始人赫畅是互联网人、广告人出身，谙熟互联网营销手段，前期通过美女老板娘开奔驰送煎饼等话题营销引发媒体关注，自身通过抓住新浪微博崛起的时机，通过世界的背面（关于宇宙、外星人探索的演讲）一下子集聚了大量的黄太吉粉丝，并与粉丝互动，迅速打造黄太吉品牌，最近更是通过借势餐饮互联网外卖的大风口，宣称打造黄太吉外卖航母计划，将黄太吉变身为高端外卖平台。

（4）产品销售互联网化

这是传统餐饮借助互联网平台比较容易实现的一种线上售卖方式，尽管目前这种售卖方式还只是刚刚开始，大多数还只是通过团购、外卖的方式来实现。比如团购餐饮大多可以通过美团、大众点评来实现，外卖则可以通过饿了么、美团外卖来实现。但是，近来由于微信平台的快速发展，微信餐厅越来越被餐饮业所接受，因此通过微信餐厅售卖产品的餐厅越来越多，这样，餐饮不仅可以通过大型互联网平台来实现线上销售，还可以通过自建微信公众账号来实现线上销售，这是一个非常有发展前景的线上销售方式。

（5）采购供应链的互联网化

采购供应链的互联网化才刚刚开始，2014 年众美联上线，是餐饮业采购供应链互联网化的一个大事件。这是以小南国为代表的一批国内一线餐饮品牌，为了抱团实现互联网化而做的一次大胆尝试。尽管质疑声音不断，但是此举也是一个标志性的事件，标志着传统餐饮企业再也不能、不会小看互联网的力量，至少他们会尝试通过互联网来影响、改变、提升自己的业务效率、业务模式了。另外，以链农、美餐网、青年菜君等为代表的餐饮供应链公司获得风险投资的关注并投资，预示着餐饮供应链也将加速互联网化，未来餐饮企业通过互联网平台实现轻松采购的梦想并不太遥远了。

总结一下，餐饮互联网化最大的特点是系统的开放，开放系统给餐饮企业外部的消费者用户、开放自己的产品到互联网团购、外卖平台上，开放到供应链平台上，吸引消费者用户的参与和互动，与供应商伙伴互动，与餐饮信息化最大的区别在于：不再像餐饮信息化的阶段那样，完全是由企业内部人员来操作的，基本上是封闭的系统。

互联网的开放性，将会给餐饮业带来的变化与升级，是在信息化阶段完全不可能做到的，不仅技术手段不同，而且商业模式、运营模式、管理模式都会发生质的飞越。

2. 互联网时代，餐饮 O2O 的核心关注点

作为一家传统的社区型连锁餐厅，不可避免地感受到餐饮市场的变化与冲击，行业"三高一低"（原材料成本高企、房租物业成本高企、人工成本高企以及利润普遍降低）的压力，宏观环境的改变（移动互联网时代来袭，国家对高端餐饮消费的限制以及对大众类餐饮消费的鼓励政策）。

于是，微信点餐，还有各种餐饮 APP、微信餐厅、CRM 系统等层出不穷，来敲餐厅的门，餐饮行业作为 O2O 当之无愧的第一大行业，每天受到的所谓餐饮 O2O 解决方案的骚扰，以及由此带来的困惑，大概是没有从事餐饮业的朋友们无法想象的吧。

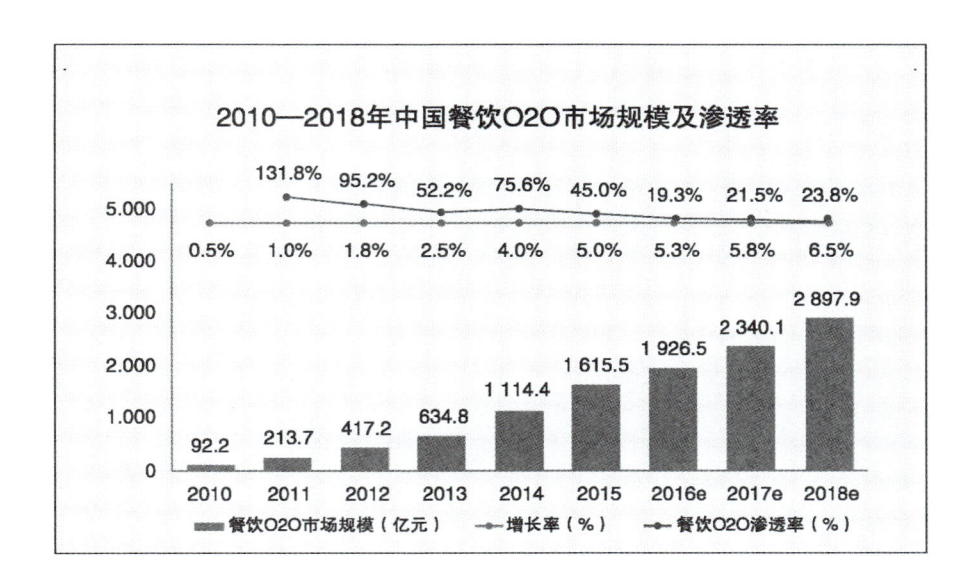

第十章 互联网+餐饮——餐饮商业模式的变革

2010—2018年中国餐饮O2O市场规模及渗透率

年份	餐饮O2O市场规模（亿元）	增长率（%）	餐饮O2O渗透率（%）
2010	92.2	—	0.5
2011	213.7	131.8	1.0
2012	417.2	95.2	1.8
2013	634.8	52.2	2.5
2014	1 114.4	75.6	4.0
2015	1 615.5	45.0	5.0
2016e	1 926.5	19.3	5.3
2017e	2 340.1	21.5	5.8
2018e	2 897.9	23.8	6.5

弄清楚餐饮企业O2O的核心关注点究竟是什么，对于餐饮企业规划、识别、选择、建设移动互联网时代的餐饮管理系统工具，具有普遍重要的意义和价值。

那么，互联网时代的到来，餐饮企业面对纷繁热闹的O2O，应该关注的核心点究竟是什么？

创新？　线上和线下　找死？
O2O　实体零售　互联网思维

只有从产品、公司、行业等几个方面做深度的梳理，并结合自身餐厅的情况，才能清晰地回答这个问题。

（1）产品层面

自从互联网诞生以来，号称互联网应用到餐饮行业的解决方案的产品就没有消停过，谁让餐饮行业是民生的第一大行业呢！从早期的网络餐厅（其实就是电话订餐，比较成功的如饭统网、订餐小秘书、114118、12580等形形色色的电话订餐都冠之网络订餐），各种电子优惠卡、券，各种CRM系统，各种团购网，各种外卖网，还有从前的微博营销、微博订餐，一直到最近热得发烫的微信餐厅（各类提供微信餐厅的开发商，背景不同、实力各异，以微盟为代表），给餐饮业提供了数不胜数的网络餐厅产品。

客观地说，所有的解决方案都从某个侧面解决了餐厅的某些问题，并且起到了教育餐厅市场、培育用户的作用，但是，这些产品大多是从互联网从业者的角度来向餐厅提供的，更多是从考虑互联网从业者的出发点来看待这个业务，从餐厅的角度看却是孤立的、碎片化的，比如，线上与线下的数据无法打通、会员和非会员的数据无法共享，团购、外卖的数据无法沉淀、利用，淘点点的数据绝对不会对接微信餐厅等，凡此种种，暴露出一个最大的问题，就是产品只是从餐厅的某个业务环节上切入，并没有从餐厅自身的整体业务发展、业务规划出发去做完整的开发，或者当餐厅稍微深入应用之后发现问题所在了，通常产品本身是无能为力的，因此接下来，就要从公司层面来考虑如何进一步对产品进行整合、打通。

（2）公司层面

可以从专业度和公司实力两个方面来考察。

专业度对餐饮行业非常重要，一个公司在这个行业中浸润多久，对餐饮企业互联网应用的产品是否熟悉，对餐饮行业的特性是否熟悉，拥有多少客户，多少成功案例（而非失败案例，通常一个公司会把所有自己的客户叫作成功案例，其实，进一步去了解一下，就会知道，一家公司的客户并不是都是成功案例，有时恰恰就是失败案例），在餐饮行业，如果一家公司没有 3 年以上的从业时间，没有上百家客户或至少数十个业界公认的成功案例，这家公司就有待观察。

公司实力是一个比较容易产生晕轮效应的指标，一家公司实力很强，即使没有很强的专业度，也容易拿下单子，但是后续的结果不一定尽如人意，业界有很多类似的案例，因此，考察公司实力，还是要在专业度的基础上去衡量一家公司的实力，是不是有持续为自己服务的能力，是不是有实力整合不同公司产品的能力，甚至是不是有提供符合业务需求的全线产品的能力。

还有一点值得关注，就是一类公司侧重提供产品，运营方面比较弱，而有些公司不光提供产品，还会根据客户的需求提供恰当的运营服务，根据运营效果来收费，类似电商的代运营服务，这也是一类公司的发展方向。

（3）行业层面

为餐饮行业提供信息化互联网应用的公司，大致可以分成两类：一类是平台类公司，早期是饭统网、订餐小秘书，目前以大众点评、各类团购网站、外卖网站以及腾讯的微信餐厅、阿里的淘点点为代表，这类平台型企业都是通过某种方式首先集聚大量的消费者，以为餐厅拉新作为吸引力，为餐厅服务，但是餐厅的代价是通过大幅度的让利、优惠、折扣来获得客户，其中又以各类团购网站最为典型，其实本质上就是变换了方式的广告模式，收费方式就是各种类型的分佣模式。

另一类信息化提供商，为餐厅建设各类信息化系统，其中以各类网络餐厅网站、CRM系统、微博微信餐厅供应商为典型代表，本质上就是为餐厅提供了一套互联网应用的工具系统，效果主要看后续的营运，收费方式通常是以年度服务费的形式出现。

对于餐饮企业而言，平台类的公司是不排他的，通常餐厅可以与好几家团购公司合作，外卖也可以与好几家公司合作；但是工具型的产品具有排他属性，一个餐厅不可能用两套CRM系统，也不能使用两套以上的网络餐厅系统。

但是，平台类公司不可能为餐厅去设计符合自身特性的整合需求，比如，团购网站不会关心你餐厅的团购数据是不是与你的CRM系统打通，淘点点也不可能与微信餐厅的数据对接，因此，对于餐厅来说，随着后续互联网产品应用的越来越深入，有能力整合线上线下产品与服务的公司，将会成为餐饮企业优先合作的伙伴。

因此，餐饮O2O的建设，需要有对产品、公司、行业的特性都有一个大致的了解，再结合公司自身的需求，分阶段地、务实地选择餐饮O2O方案，不能盲目跟风，让别人已经吃过的一堑，变成自己可以长的一智，这样餐饮企业O2O建设的核心关注点，应该是如何寻找、识别、选择一家符合自身需求、有专业度、有整合、有打通各类互联网产品的能力，或者能够提供整套线上、线下互联网产品系统，并有运营服务能力，能够提供持续服务的合作伙伴。

3. 互联网+餐饮，如何培育顾客的参与感

餐饮业，历来是依靠口碑生存的行业，也历来是有神秘顾客制度来模拟真实顾客反馈的传统行业，如今，在互联网时代风起云涌的当下，餐饮企业应该如何倾听顾客的声音、如何培养、创造消费者的参与感呢？

参与感，对于餐饮业来说，不能仅仅停留在微博、微信、大众点评上看看消费者的留言、评价这么基础的水平上。参与感，对于餐饮业来说，大致可以从产品研发、业务参与、意见倾听、口碑传播这样几个阶段、几个业务环节来探讨。

（1）产品研发阶段

以往餐饮的产品研发大多是老板跟大厨，最多再加上前厅经理，几个人关起门来做开发，可能也会有几个月的试营业时间，请一些同行、业内朋友来试菜，一旦确定，拿出相当高的成本去印制精美的菜谱，基本上半年一年都不会再变了。

现在的玩法变了，像雕爷牛腩餐厅，拿出半年的时间搞封测（半年的房租相对于产品调试来说，重要性不在一个量级上），认真听取目标消费群体的意见，将餐厅的产品压缩到比麦当劳、肯德基的品种还少的12道菜，许多餐饮专家认为这种做法在购物中心业态下的正餐厅从未有过先例，风险巨大，甚至有人预言必死无疑，雕爷的底气从哪里来？

前期来自自己"以求道的态度做一碗牛腩"、来自五星级酒店大厨对每一道菜品精益求精的研发，后期落地时则来自封测、消费者的正面、积极的反馈！

（2）业务参与

移动互联网时代的到来，随着智能手机以及4G、5G网络的普及，使得餐厅有条件借助消费者自身的智能移动终端设备实现点菜、支付的自

助化，这不仅仅是互联网时代技术进步的潮流与趋势，也是餐饮业"三高一低"的困扰，特别是服务员难找、服务员成本持续上升、服务员流动性高等餐饮经营内在问题寻求解决方案的内在动力。

当下，在北京、上海、杭州、长沙、深圳等地陆陆续续都有互联网自助餐厅出现，这样做的最大价值在于逐步实现减员增效，降低餐厅的人工成本成为餐厅选择互联网自助餐厅的最大动力。当然，在经营模式上还可以让消费者自助取餐具、自助取汤饮、小食等，对于非商务宴请的高端餐厅，消费者对于这类自助模式的接受度还是挺高的。

（3）倾听顾客的意见

现在这个年代倾听顾客的意见成本变得非常低了，只要你自己真心重视，那么，微博、微信、论坛、留言，还有第三方如大众点评网等，都是非常好的渠道，如果开通了互联网自助餐厅，消费者自助点菜、支付、餐后点评功能一应俱全，那么与消费者的互动就有更加便利的条件，随时随地可以听取消费者对产品和服务的评价、意见和建议。

案例：

还是以雕爷牛腩为例，雕爷十分重视顾客的反馈，紧紧盯着大众点评、微博、微信账号，有许多反馈意见都是雕爷自己亲自回复，对于有价值的意见和建议雕爷还会邀请反馈者成为VIP顾客，给予一定的奖励。

雕爷还曾写了一篇文章专门介绍了他是如何利用消费者的反馈意见，从而节省了公司另外花钱聘请神秘顾客的花销。倾听的目的在于不断改进，不断迭代，不断地、更好地满足目标消费者的需求，再也不会像传统的餐厅菜谱那样一年到头总是一副老面孔。

（4）利用消费者的力量

吸引消费者参与的最大好处就是利用消费者的力量对餐厅的产品与服务进行口碑化的传播。如今，移动互联网时代悄然而至，低头一族（随处可见的低头玩手机的）在餐厅比比皆是，上菜后动筷子前先各种拍照已经成为常态，消费者各种秀、各种晒的心态，如果善于利用就会产生很大的宣传效能，如果再进一步能够上升到经营用户、经营粉丝、经营社群的层面上，就会产生如小米那样巨大的能量，培育出一大批忠实顾客（热爱品牌的粉丝）。

但是，低成本的互联网传播是一把双刃剑，既可以传播好的名声，一旦出现问题，也会放大你的缺点，因此，互联网时代的权力越来越向消费者这一端转移，消费者的赋能时代真正来临，餐厅必须做好足够的心理准备来应对宣传者和贬低者。

研究表明，那些真心热爱你餐厅的顾客，他们会自动自发地向自己的亲朋好友宣传你的餐厅，会比普通顾客多带给你23%的资源（包括收入、利润和新的顾客）；反过来，那些贬低你的人，也会到处说你餐厅的不是，他们会比普通顾客少给你13%的资源，甚至让你亏钱。满意的顾客平均会告诉5个朋友，而不满意的顾客则通常会告诉超过10个朋友，互联网会放大这些效应。在互联网时代，餐厅要十分小心这种不满情绪被不断放大。

如果你想要让消费者来帮你把控质量，做餐厅的品控监察员，必须首先要保持与消费者的良好关系。通常来说，对产品与服务满意的消费者更加愿意参与进来帮你改善。当然，那些对产品与服务不满的消费者也愿意发声，只要你真心愿意听、愿意改善。倒是处于中间的消费者，对服务好坏不太在意的客户，可能不会主动说什么。

拓展阅读：

这里，我们可以介绍一个评估消费者对服务品质的具体方法，就是宣传者净分数（Net Promoter Score，简称NPS）的概念：用一个简单的问题向消费者提问："你会不会向朋友和同事推荐我们的餐厅？0是绝对不会，1是绝对会。"NPS给出了一个明确的数字，帮助餐厅量化给消费者带来多少价值。

根据得分的不同，通常可以把消费者分成以下三种，每种类型的消费者会有完全不同的行为模式。

宣传者，即打 9 分或者 10 分的顾客。这些人是餐厅最忠实的顾客，也就是你忠实的粉丝，他们会经常来你的餐厅，愿意比普通顾客花更多的钱，他们会经常向别人推荐你的餐厅，也常常会向餐厅提出有建设性的意见和建议。

被动者，即打 7 分或者 8 分的顾客，他们并不忠于你。如果其他餐厅有更好的产品或者服务，他们很容易去别的餐厅。他们很少向别人推荐你的餐厅，即便推荐，也是一种趋于保守的推荐，不是那种很热情的推荐。

贬低者，即给你餐厅打 6 分以下的顾客。他们会不断抱怨你的产品或者服务，会向周围的人说你餐厅的坏话，在大众点评上说再也不会来你家餐厅等。这些人会导致你餐厅的成本增加。

如果条件允许，我们还会在这个简单的问题后面追问一句，"你为什么会打这个分数？"这样可以分析背后的原因，看看哪些因素是你的顾客最在意的、影响最大的（包括好的、坏的两个方面），收到反馈，认真分析，才能不断改善产品与服务。

宣传者净分数等于宣传者的百分比减去贬低者的百分比（被动者不管）。通过长期的研究发现，宣传者净分数高的餐厅会获得更高的市场份额，营销的花费也更少，利润比竞争对手高。这是和销售额、利润相关度最高的问题。餐厅可以好好学习使用这个方法，研究如何获得较高的宣传者净分数，也就是如何让顾客参与口碑的正面传播。

4. 如何借互联网工具提升结构效率

小到企业，大到一个国家、一个社会的进步，都依赖于效率的不断提升，一个企业乃至一个地区、一个国家的竞争力，最终体现在这家企业、这个地区、这个国家的整体效率上。但是效率的本身有所谓的结构效率与运营效率的区别。

所谓运营效率，就是指在现有的企业组织结构不变的情况下，将企业的产、供、销、人、财、物不断地做出科学的安排与精细化的运作，确保企业效率不断提升，随着企业的不断成熟壮大，运营水平不断提高，运营效率的提升空间也在不断减少，或者说，提升运营效率的边际效用也是在不断递减的，需要再进一步提高效率就需要提高结构效率了。

何为结构效率呢？结构效率则是指企业的业务结构，或者说企业的商业模式、战略选择发生变化，同时伴随着企业组织结构、对人才的要求、企业文化也要发生相应的变化，随之而来的效率的提升被称为结构效率。

结构效率往往大于运营效率，如果以 100% 来作为一个衡量尺度的话，运营效率或许只能提升 5%—10% 的水平，而 90%—95% 的效率提升来自结构效率的提升。

结构效率的提升往往发生在市场环境发生重大变化，或者技术上出现重大变革的阶段。

以餐饮市场为例，困扰餐饮企业的三高现象，即房租成本、人工成本、原材料成本不断提高，对应的就会有店铺的小型化餐饮模式，去厨师化、去服务员化的餐饮模式不断地涌现出来。

六七年前动辄 2 000—3 000 平方米乃至上万平方米的餐厅，现在被 300 平方米、200 平方米甚至 100 平方米以下的餐厅所替代，小而美的餐饮项目受到追捧，其中一个原因就是小型餐饮项目的单位面积所产生的效率比较高（专业术语就是所谓坪效比较高）；同样的，去厨师化、去服务员化的餐饮项目受追捧，比如火锅做到了去厨师化，易于实现产品的标准化，因此火锅品类的人均生产效率（也就是所谓的人效）就会比较高，火锅在餐饮业各品类中率先成长，大型连锁餐饮企业中有不少火锅品类：海底捞、小肥羊、小尾羊、小天鹅、德庄火锅、新辣道、豆捞坊、鼎中鼎、呷哺呷哺等，与普通的餐饮业既要有厨师又要有前厅服务员相比，其节约了厨师的成本，使得火锅的毛利率比较高，也就是火锅的结构效率是远远高于普通餐饮企业的。

去厨师化已经使火锅品类在餐饮业中独领风骚，在当下餐饮业服务员用工荒愈演愈烈的今天，服务成本成为刚性上升的今天，到底有没有可能实现餐饮行业的去服务员化呢？

我们说完全有可能，当下移动互联网的时代，智能手机的普及，使得餐饮企业的快餐、简餐、大众餐饮的服务模式酝酿着一场革命，也就是服务模式从"一对一的百货式服务模式"向"超市式自助服务模式"转变。

对于餐饮企业来说，要想实现"百货式一对一服务模式"向"超市式自助服务模式"的转变，本质上就是效率结构的提升，我们可以预见，这类餐饮模式在移动互联网时代必将慢慢开始盛行，因为追求效率的提升是一个企业的本能。

案例：

我们可以来计算一下一个有30家连锁餐厅的企业，假设是在传统的百货式一对一服务模式下需要10个服务员，通过改变服务模式，将前厅服务员减少到5人，节约了5人，我们看看在公司没有做任何其他投入的情况下，会对整个集团产生多大的收益？

一个一线城市的服务员的平均工资为3 000元，企业需要承担的成本至少在5 000元（含吃饭、住宿、社保等），一个店一个月节约了5×5 000=25 000（元），一年则节约了 25 000×12=300 000（元），对于一家拥有30家连锁店的企业来说，一年通过改变结构效率可以产生的效率高达 300 000×30=9 000 000（元）！

这就是结构效率提升后所产生的威力！相信即便只有一家门店的老板，看到这个数字之后，也会产生跃跃欲试的冲动吧！

那么问题来了,如何实现从现有的"百货式一对一服务模式"转向"超市式自助式服务模式"呢?

首先,我们要客观地分析自己餐饮品类是商务用餐还是大众简餐?用一个简单的标准来区分,就是包房多还是散桌多?包房意味着商务用餐或者比较正式的用餐,这类用餐场景不太适合超市式自助服务模式,还是以一对一的服务模式比较好。

如果餐厅是提供快餐、简餐类的大众餐饮,那么,要如何实现"超市式的自助服务模式"呢?关键在于要将消费者引入我们的业务环节中。

将消费者引入服务环节,让其自助点菜、自助买单会不会降低服务质量,引起消费者的不满呢?

想想我们在超市购物的情景吧,在超市购物时,大多数情况下你是希望自行选购还是希望有一个导购员在你旁边提供服务呢?答案很显然啊,除非我们找不到所选购的物品,否则我是不希望有人在身边不断地唠叨的。餐饮业何尝不是如此呢?其实人的因素是最难以控制的,如果业务模式中能够减少与人员的接触,其实这是可以提高效率的,同时这也是提高服务满意度的一个环节。

如何通过互联网工具实现超市式自助服务模式呢?

微信餐厅、手机 APP 都是可以实现消费者自助点菜与支付功能的,但是,要让到餐厅超过 50%以上的消费者使用这个功能,除了需要与餐饮收银管理系统打通、与 CRM 系统打通之外,餐厅的运营模式也需要做相应的调整,正如我们在百货式的柜台模式下,无法实现超市的自助购物的效率一样,餐饮业务的流程也必须做相应的调整。

结论:

超市式自助式服务模式在餐饮业的实现,必须要有两个先决条件:其一,是技术上必须有提供给消费者体验流畅的互联网自助式餐饮管理系统（实现消费者自助点菜支付、同时与收银系统打通、与 CRM 系统打通，甚至是完全一体化的产品）；其二，餐厅的组织管理模式也必须做相应的调整，以适应新的业务模式，这样，餐厅的结构效率可望大大提升！

5. 餐饮业离大数据和智能化时代有多远

随着互联网特别是移动互联网时代的到来，各行各业的业务环节被互联网渗透得越来越多，收集数据的终端越来越经济、越来越便捷，所积累的数据也越来越多，这些大数据积累起来通过适当的分析与挖掘，可以产生巨大的价值，形成所谓智能化的大趋势。

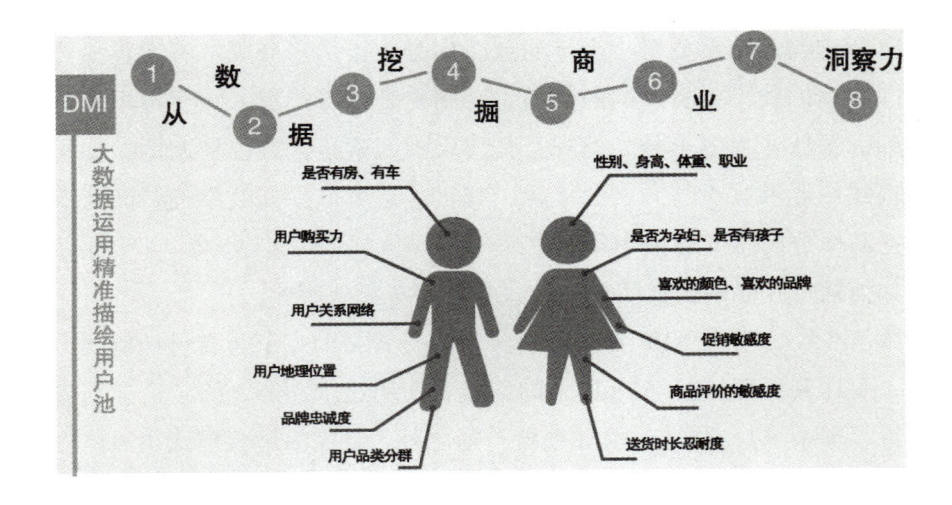

餐饮行业自然也不例外。

中国是全球餐饮门店数量第一大国，然而，整个餐饮产业却呈现出大而不强的局面。

餐饮市场已超过 4 万亿元，与之相比的是，只有零星的几家企业的营收可以超过 100 亿元。于是，"百亿"便成了连锁餐饮企业的目标，但

"百亿"的出现也将意味着行业竞争进入一个新阶段。如何抓住战略机遇期，改变目前大而不强的局面，成为餐饮业最为迫切的课题。

大数据时代，餐饮业务在线化的意义是指它将成为数据的承载系统，成为智能化的经营决策依据。餐饮企业的成长依赖于卓越的发展眼光，餐饮智能化资源优势，是成就一家百亿餐饮企业的必备条件。这个时代的机遇，只有具备超前眼光，才能成为启动创新发展驱动力的行业引领者。

（1）先进智造的工业经验

大数据与人工智能时代的来临，智能化餐饮管理系统在经营管理中占据什么位置？

一直以来，餐饮都是一个劳动密集型行业。享受过人口红利，如何让智能化系统来解决"三高一低"？在当下整个餐饮投资建设当中，信息化的平均投资占比是3%—5%。

餐厅老板聚集到一起时，经常交流的主题是菜品优化、市场营销、餐厅装修。这两年有一些商家已经认识到了智能化系统对于企业管理的巨大作用，还有一些餐饮企业在自己开设新品类时，将智能化功能设计进入企业经营模式，成为引领市场前进的重要样板。

案例：

例如，山东凯瑞餐饮集团旗下的味想家，后厨食物制作不是采用人工大厨，而是采用智能机器人炒锅，与哗啦啦合作的SaaS餐饮软件系统有助于统一化管理，门店端的智能点单收银、外卖平台接单、团购闪惠核销、聚合支付、门店宝、厨房KDS数字化智能系统、供应链端请货、派货、调拨、配送提货、交货与配送收货管理功能，极大地节省了时间和人力成本。

投资占比只是一个表象，它反映的是未来企业的发展规划。只有长远深入的规划，才能让企业稳健地成长。在餐饮行业，百亿连锁企业的价值是不言而喻的，它们的发展不仅仅体现在自身发展的需要上，还铺垫了产业走向理性的基石。

（2）大数据带动现代餐饮

餐饮行业的人工智能，用数据承载。大数据对于选址、舆情控制、套餐分析、销售预测、自动采购等都可以应用，大数据从市场格局、产品、消费者、营销等各个维度提供全面的数据支持，让决策更加科学精准。如果连 SaaS 餐饮软件系统都不安装，那么基本上连入场竞争的资格都不具备。

餐饮业会有巨大的变化，主动安装 SaaS 餐饮软件系统的企业会迅速发展起来。这些变化是悄悄进行的，现在很多有先觉意识的餐饮企业都在为进入大数据做足功课。它不会像其他行业形成完全垄断，当各种子品类里发展形成强势品牌，在区域扎根，其他餐厅就没有多少戏份了。

正如当年很多小型杂货店被连锁便利店取代一样，碾压和淘汰是行业巨变必然的过程。大超市、连锁便利店的布局并非一夜之间形成的，一批有先觉意识的企业经过积累增强实力进行布局，可以让整个行业发生颠覆式的变革。

餐饮业市场大、品类丰富，它的集中度提升、强势品牌在每一个品类里诞生冠军的趋势已经非常明显。行业整合的过程中，垂直品类里名列前茅，才能获得生存机会。

案例：

眉州东坡的数据化之路

未来的餐厅经营是数据化的，经营者可以根据历史经营数据，预测原材料采购的数量，减少时间和空间的浪费，提升库存的周转率，甚至预测餐厅未来的收入，这些是优秀的餐厅经营者必备的能力之一。

将菜做好只是餐厅经营的第一步，如何有效地收集数据、甄选数据、使用数据，是每位餐饮从业者的必修课。眉州东坡可以算是数据化经营的先行者之一，我们通过眉州东坡的实际案例，认识一下数据在餐厅经营领域的神奇魔力。

眉州东坡曾在中关村开了一家分店，这个决策让其吃尽了苦头。按照眉州东坡集团副总裁郭晓东的说法："当时那个地方，都是普通工薪族和电子城商户，没有中式正餐的消费能力，都是中式快餐，所以公司两年都没有赚钱。"

教训无疑是惨痛的，好在眉州东坡痛定思痛，借助积累下的历史经营数据转变了自己的开店策略。利用比较月营业额和分析所在区域的商圈与人流，眉州东坡将门店划分为位于生活区的社区店、位于购物中心的商业店，以及"商场中的社区店"（在商场1楼临街有门脸）三种。

在门店类型确定之后，又有一个问题摆在眉州东坡面前——开多大的店最合适？好在数字又展现了它的神奇魔力。历史经营数据显示，600—1 200平方米的社区店和500—800平方米的商业店都能让眉州东坡获得最理想的坪效。

此外，眉州东坡还发现了一个有趣的现象：面积较小的店面并不意味着更少的客流量，400平方米的店比1 200平方米的店客流量少不了多少。

帮眉州东坡做到这一点的仍是数据。每一桌客人点菜，服务员在记下菜品的同时，也记下了就餐人数和到店时间。通过这些数据系统，眉州东坡再次找到了其中的规律。比如，社区店往往以家庭聚餐、宴请为主，对包间和圆桌的需求量大，商业店则聚集了更多两三人为一组的同事和朋友，需要安放大量四人座或二人座，来满足人们匆匆就餐、随后继续工作或购物的需求。

开在北京都汇天地购物中心的眉州东坡店只有413平方米，除去后厨的90平方米，323平方米的空间内依然摆下了146个餐位。

在这家门店里，眉州东坡大量使用了80厘米×80厘米的方桌，能在二人座、四人座和组合拼桌间灵活切换。方桌边长也是依数据而定。门店的管理者查看了2—4个客人大概会点多少主菜、凉菜和汤菜，再根据它算出一个不会占太多地方，也不会装不下菜的桌面面积——80厘米×80厘米。

眉州东坡将这套模板作为门店开发的标准。提到这套系统，郭晓东极为骄傲："还没开店前，我们就已经定好了店的类型、装修、设计和餐位。这套模板的误差极小，以前我们在开一家门店之后，需要在经营过程中进行百分之二三十的调整。在启用模板后，调整幅度降到了5%以下。"

（3）数据成为经营决策的重要依据

以医疗领域里的大数据运用为例，有一些病，尤其是不常见的病、疑难杂症的诊断，人工智能的判断准确率已经超过了有经验的医生。医疗人工智能的大数据来自全球范围，丰富的数据积累能够为诊断提供证明。

餐饮行业的大数据，不是基于一家企业内外部的数据，它的大数据包括的品类在相应城区、购物中心周边的消费人群构成、行为习惯、消费能力，以及竞争对手的消费行为数据等在商业环境里的各种数据和痕迹都会成为研究对象。

数据的沉淀会形成精准的决策参考依据，人工智能可以帮助餐饮企业做决定。

技术创新如浪潮一般，是波涛式的席卷方式。餐饮企业率先将这样的高科技运用起来，就会形成竞争优势。

SaaS餐饮软件系统不是简单的管理工具，哗啦啦对商户进行智能化服务时是从当下的实际经营出发，满足商户的业务需求。业务功能的运用，需要商户的配合才能实现系统性的改变、转型升级。我们一直在把产品功能中的各种使用方法，通过线上线下的课程传授给合作商户，让

SaaS 餐饮软件的价值能够更好地发挥出来。有一些客户用系统性的改造升级，做到了顾客自助扫码点餐结账服务，完全去除收银员、服务员。由此我们可以知道，软件要发挥效果，必须要商家做系统性的思考和改造。

（4）数据成为新的发展驱动能源

这个时代，消费者和商家的接触方式已经不是单一的线下消费。传统餐饮缺乏消费者的消费记录，顾客消费完全无痕。当将顾客转移到线上，每一笔订单都会有清楚的记录，点餐、支付的每一笔情况（消费习惯、消费量、个人偏好、客单价等）都清清楚楚。

通过大数据后台智能化收集分析，轻松简单沉淀会员信息与消费记录，为门店精准化营销提供了数据化支撑。当餐厅有活动时，可以针对其爱好进行有效营销。大数据体系为门店提供会员信息，发现其可挖掘的价值，摆脱以往手写单、手写会员信息的工作，哗啦啦系统后台自然能呈现会员画像与消费者需求的消费趋势，帮助门店更精准营销，高效提升业绩。

将餐厅的线下流量转化为线上的数据，在日积月累中形成大数据新能源，不断挖掘可以形成业务的新动能。顾客在餐厅消费交易后，便是精准会员，通过扫码点餐成为门店的粉丝，能够实时与店铺互动，实现粉丝数据的持续沉淀和消费者产生有黏性的互动。在持续的就餐消费记录中逐渐形成稳固的活跃会员。这是一个递进环节，能够实现大数据的智能沉淀，还能够增加顾客的消费频次。新餐饮是消费者、流量、活跃会员的良性循环，企业的会员积累也在循环过程中不断升级壮大。

（5）餐饮产业迈进智能化的新纪元

餐饮从传统中走来，也必然要向未来的智能化和大数据走去，所以要重视科技的力量——既要继承传统，更要系统化创新，推动餐饮由传统走向现代产业。

随着新餐饮时代的到来，线上线下一体化的融合、智能化已经成为餐饮业发展的主旋律。餐饮企业的改革已经呈现出刻不容缓之势。前后端的一体化，SaaS 餐饮软件一站式服务，已成为当前餐饮企业发展的大势。采用智能餐饮软件点餐、收银、请货、派货、调拨、配送提货、交货与配送收货管理、线上采购等方式的智能化伴随技术革新和消费升级走进餐饮企业。这是一场餐饮行业的革命，是餐饮智能化蓬勃发展的一个载体，更是人工智能和大数据连接餐饮消费的一个入口。

哗啦啦在餐饮智能化行业已深耕 10 多年，积累了超过 12 万餐饮企业客户，对商户需求有着十分敏锐的洞察和了解。我们不断优化产品，提升企业的经营管理能力，充分发挥 SaaS 餐饮软件的开发优势；加速推动餐饮互联网的转型升级，让餐饮企业享受智能化产品服务。

餐饮智能化和大数据的普及，它的未来就在不远的前面。年营收超过 100 亿元的餐饮企业，在中国大地上将愈来愈多。